车辆自适应巡航系统的

控制策略研究

罗莉华　编著

上海高校一流学科 B 类交通运输工程项目资助

交通运输规划与管理研究系列

车辆自适应巡航系统的控制策略研究

罗莉华　编著

上海交通大学出版社

内容提要

车辆自适应巡航控制(ACC)系统在智能交通中被不断推广。本书研究 ACC 系统中的控制策略,分别对自适应巡航系统的间距策略、数学建模和控制算法设计进行研究,并通过仿真实验分析系统性能。

本书可供车辆工程、控制理论与工程、交通信息工程与控制等专业人员参考。

图书在版编目(CIP)数据

车辆自适应巡航系统的控制策略研究 / 罗莉华编著.
—上海:上海交通大学出版社,2013
(国际航运中心建设)
ISBN 978 - 7 - 313 - 10488 - 5

Ⅰ. ①车… Ⅱ. ①罗… Ⅲ. ①汽车-自适应程序-巡航控制系统-研究 Ⅳ. ①U463.6

中国版本图书馆 CIP 数据核字(2013)第 256981 号

车辆自适应巡航系统的控制策略研究

编　　者:罗莉华
出版发行 上海交通大学出版社　　　　　　　　地　　址:上海市番禺路 951 号
邮政编码:200030　　　　　　　　　　　　　电　　话:021 - 64071208
出 版 人:韩建民
印　　制:常熟市大宏印刷有限公司　　　　　经　　销:全国新华书店
开　　本:787 mm×960 mm　1/16　　　　　印　　张:7
字　　数:130 千字
版　　次:2013 年 12 月第 1 版　　　　　　印　　次:2013 年 12 月第 1 次印刷
书　　号:ISBN 978 - 7 - 313 - 10488 - 5/ U
定　　价:42.00 元

序

为实现由教学型大学向教学研究型大学转变的目标,上海海事大学一直将学科建设作为学校工作的重中之重,从体制、机制和投入三方面予以支持,以便更好地为国家交通事业的发展和上海国际航运中心建设服务。

交通运输规划与管理学科作为交通部重点学科和学校的传统优势学科,目前设有1个博士点(交通运输规划与管理),3个硕士点(交通运输规划与管理、交通运输工程、港口海岸及近海工程),2个中外合作研究生培养项目(国际航运与物流工程、物流工程与管理)。

长期以来,交通运输规划与管理学科坚持以水路运输为特色,围绕交通运输战略与规划、交通运输现代化管理、海事信息与控制领域中的重大理论、技术和管理问题,注重学科建设和科学研究,取得了一定的学术成果。

《交通运输规划与管理研究系列》丛书收录的学术专著均源自交通运输规划与管理学科的教师近年来所完成的科研成果,从整体上代表了该学科的学术水平。这些专著作者,既有在学术上已卓有成就的资深学科带头人,也有正在快速成长的中青年学科带头人和学术带头人,其中还不乏初出茅庐的青年才俊,这充分显示了交通运输规划与管理学科雄厚的学科人才梯队。更值得一提的是,此次出版的丛书涉及交通运输领域的方方面面,既有基础理论领域的探索,也有技术层面的应用创新,这表明了交通运输规划与管理学科的发展正逐渐呈现出多学科交叉的特色和优势。

《交通运输规划与管理研究系列》丛书的顺利出版,标志着交通运输规划与管理学科建设又达到了一个新的高度。在此衷心希望交通运输规划与管理学科团队继续振奋精神,努力创新开拓,坚持"理论上有一个高度,应用上有一个落脚点"的发展模式,在理论研究层面能密切跟踪当前国际学术发展前沿动态,并与之相接轨;在应用研究领域,能与海事领域具体应用密切结合,切实解决重大海事管理与规划问题,力争成为国内海事规划与管理领域不可或缺的思想库、专家库、技术库和成果库。

上海海事大学党委书记

於世成教授

前　　言

随着智能交通系统的不断推广,车辆自适应巡航控制(ACC)系统因其能有效减轻驾驶员的精神负担,减少因驾驶员失误而造成的交通事故,提高汽车乘坐舒适性和燃油经济性并改善交通流等,近年来已得到了政府、企业以及高校研究机构的广泛关注。

在车辆自适应巡航控制系统中,控制策略是实现系统功能及其实用化的关键所在,其设计的好坏直接决定系统的动态响应。本书作者在分析大量国内外已有科研成果的基础之上,分别针对自适应巡航系统的间距策略、数学建模和控制算法设计进行研究,并通过大量的仿真实验分析系统性能。

本书分为6章,内容为:绪论;ACC系统的间距策略研究;基于模型预测控制(MPC)的多目标ACC系统上层控制算法研究;考虑驾驶员行驶习惯的ACC上层控制算法研究;执行机构优化切换的多目标ACC系统一体化控制算法研究;结论与展望。

本书可作为车辆工程、控制理论与工程、交通信息工程与控制等专业的硕士生、博士生的参考教材,也可供在车辆动力学和智能交通系统行业从事控制系统研究的工程师们参考。

在本书的编写过程中,得到了浙江大学控制系的李平教授、王慧教授,上海海事大学交通运输学院的施欣教授、韩皓教授、张华歆副教授、李文娟老师等的支持与帮助,在此表示衷心的感谢。本书内容参考了大量国内外有关论著和文献资料,在此谨向有关资料的原作者表示深深的谢意。

本书的出版得到了国家自然科学基金(61304203)、上海市自然科学基金(12ZR144480)、上海海事大学基金(20120077)、上海市重点学科建设项目(S30601)、上海高校一流学科 B 类交通运输工程项目以及上海市优秀青年教师项目的资助。

限于作者水平有限,加之时间仓促,书中存在的错误之处,敬请读者批评、指正。

罗莉华

2013 年 5 月

目　　录

1 绪 论

1.1 引 言

交通状况在城市发展中具有举足轻重的作用,它直接影响着城市的社会经济效益和居民的生活幸福。随着经济的迅速发展,世界范围内的汽车量在不断增加,车速也在不断提高,由此带来的交通事故、道路拥挤、环境污染、能源浪费等问题日益突出。

据统计,全世界每年死于道路交通事故的人数约为 50 万人,而我国则是世界上交通事故最严重的国家。面对严峻的交通形势,政府管理者、高校研究所以及汽车企业都在积极采取措施,以电子、通信、控制及信息技术为基础的**智能交通系统(intelligent transportation system, ITS)**应运而生。智能交通系统将先进的信息技术、数据通信传输技术、电子传感技术、电子控制技术以及计算机处理技术等有效地集成并运用于整个交通运输管理体系,从而提高交通运输效率、缓解交通阻塞状况、提高路网通行能力、减少交通事故发生、降低能源消耗、减轻环境污染等[1]。发展智能交通系统已成为世界各国交通研究领域的热点和重点[2]。

ITS 是由日本、美国、欧洲率先发展起来的,早期研究主要集中在道路的基础设施和功能完善,随后扩展到车辆智能化、道路交通运输的全过程及相关服务机构,最后深化到整个道路交通运输的"智能化"和"现代化"。而我国在这方面起步较晚,虽然在 20 世纪 70 年代就已将电子和信息技术应用于交通领域,但直到 90 年代才引入了 ITS 的概念[3]。

早在 1989 年,美国制定了最早的 ITS 发展战略,随后又相继颁布了两部 ITS 法案,即 ISTEA(Inter-modal Surface Transportation Efficiency Act)和 TEA - 21 (Transportation Equity Act for the 21st Century),确定了智能交通系统的结构,如图 1 - 1 所示[4]。ITS 作为一个复杂的现代工程系统,主要由**先进的出行信息系统(advanced traveler information system, ATIS)、先进的交通管理系统(advanced traffic management system, ATMS)、先进的公共交通系统(advanced public transportation system, APTS)、先进的车辆控制和安全系统(advanced vehicle control and safety system, AVCSS)、自动公路系统(automated highway system,**

AHS)、先进的乡村交通系统(advanced rural transportation system，ARTS)以及商用车辆管理系统(commercial vehicle operation system，CVOS)等几个部分组成。

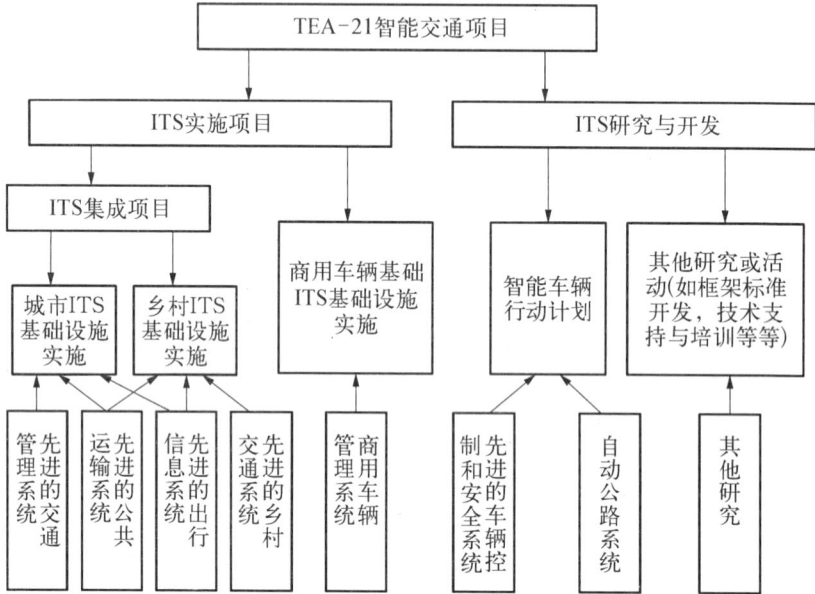

图 1-1 美国 TEA-21 智能交通系统结构框架

在智能交通系统中，先进的车辆控制和安全系统(AVCSS)以车辆作为研究对象，开发协助驾驶员对车辆进行控制的各种辅助驾驶技术，从而使汽车的行驶更加安全、高效。它包括**车辆自适应巡航控制(adaptive cruise control，ACC)系统**、**冲突避撞系统(collision avoidance system，CAS)**、**冲突警告系统(collision warning system，CWS)**、**车道保持控制系统(lane keeping systems，LWS)**、**车道偏离警示系统(lane departure warning system，LDWS)**等[5]。其中，自适应巡航控制系统是目前应用最广泛也是研究学者最关心的汽车辅助驾驶系统[6~11]，基本上所有的大型汽车企业都在对它进行大力研发。

自适应巡航控制系统是一种构想于 20 世纪 70 年代末期的车辆安全辅助驾驶系统，它在传统的**定速巡航控制(cruise control)**基础上结合**安全车间距保持系统(safety distance keeping system，SDKS)**，既具有定速巡航功能，又可以通过位于车身前部的雷达传感器测量前方行驶环境，如前方有无车辆、两车间距、相对速度等，通过控制相应的节气门(油门)驱动和刹车制动装置自动调整车速，保证本车以一个安全的车间距行驶[8,11]，如图 1-2 所示。

```
                    ┌──────────────────┐
                    │  车辆自适应巡航控制  │
                    └──────────────────┘
      有前车│                              │无前车
    ┌──────────────────┐          ┌──────────────────┐
    │  安全车间距保持控制  │          │   定速巡航控制    │
    └──────────────────┘          └──────────────────┘
         │                                   │
    ┌──────────────────┐          ┌──────────────────┐
    │     节气门        │          │     刹车          │
    │   驱动执行器      │          │   制动执行器      │
    └──────────────────┘          └──────────────────┘
                    ┌──────────┐
                    │   车辆    │
                    └──────────┘
```

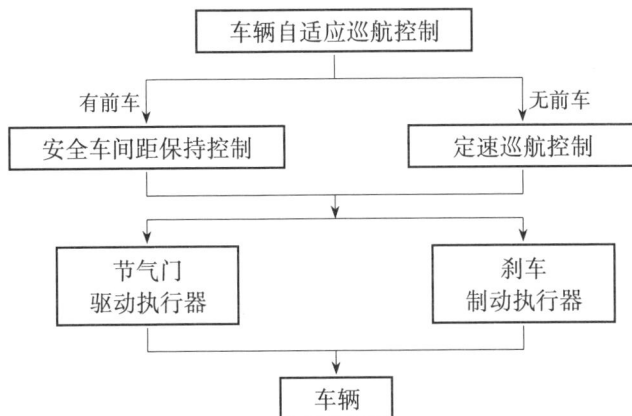

图 1-2 车辆自适应巡航控制系统示意图

通过分析,车辆自适应巡航控制系统具有如下优点:

(1) 在长途驾驶中代替驾驶员对车辆进行自动控制,避免驾驶员长时间紧踩加速踏板或制动踏板,减轻驾驶员的操作负担。

(2) 避免因驾驶员疏忽(醉酒驾驶、疲劳驾驶、误操作等)造成的交通事故,提高行驶过程的安全性。

(3) 通过平稳控制行驶过程中的车速,提高乘坐舒适性、降低油耗。

(4) 避免由于新手频繁地加减速带来的机械磨损,延长车辆零部件的使用寿命。

(5) 由于自适应巡航控制系统的反应时间明显小于驾驶员的反应时间,行驶过程中可采用较小的车间距,因而有利于增大道路的交通流量。

(6) 当道路上的车辆广泛采用 ACC 系统辅助驾驶时,有利于进行车队控制,规范车辆的行驶,避免乱插队现象,改善交通流量。

车辆自适应巡航控制系统近年来已成为企业界和学术界的一个热门研究课题,它对改善车辆行驶状况,推进交通智能化和现代化具有极其重要的意义[12]。

1.2 车辆自适应巡航控制(ACC)系统

1.2.1 车辆自适应巡航控制系统概述

自适应巡航控制(ACC)系统自提出以来,得到了政府、高校研究所以及汽车制造商的广泛关注。起初,由于传感器技术、信号处理技术、汽车电子技术以及交通设施等方面的因素,限制了自适应巡航控制系统的发展,因而只停留在理论研究的准备阶段,随着各项技术的进步以及道路智能化的大力推广,车辆自适应巡航控制系统的研究与应用有了突破性的发展,纵观其发展历史,大致可以分为如下三个阶段:

1) 理论准备阶段(1950—1985)

最早的 ACC 系统起源于 20 世纪 50 年代,在提出的初期只能通过固定油门踏板的位置来完成定速巡航的功能[13]。1960 年,Michigan 大学的 Diamond 和 Lawrence[14]针对交通拥堵问题提出了"智能高速公路"的概念,随后,Levine 和 Athans[15]提出了智能车队的理念,即队列中的所有车辆自动地对其前车进行跟车、适应前车的速度变化。自适应巡航控制一词中的"自适应"也就由此而来。这个理念得到了当时美国交通部门的大力支持。从 1964 年至 1971 年,美国俄亥俄州立大学对自适应巡航控制进行了深入的研究[16~18],他们通过分析,指出 ACC 系统的控制不仅应该满足单车稳定,还应该满足队列稳定(间距误差随着车队传递的收敛稳定),并将车间距-速度曲线划分为不同区域,针对不同区域设计了不同的 ACC 系统控制策略。此后,一些学者针对这个控制结构进行了一定的分析和仿真[19, 20]。欧洲则从 1970 年开始进行相关研究,如德国的 Cabinentaxi 智能运输系统[21],法国的 ARAMIS 系统[22]均对 ACC 系统的理论研究做了不少工作。然而,受自动控制、通信、电子及传感器技术的限制,这些早期的研究都未取得实质性的成功。尽管如此,它为后期的研究发展积累了一定的理论背景和实践基础。

2) 技术研发阶段(1986—2000)

伴随着通信、计算机以及传感技术的大力发展,欧洲、美国、日本从 20 世纪 80 年代开始大力对 ACC 系统进行技术研发。

在欧洲,由 16 家汽车制造商联合 56 家电子和供应商公司以及 115 所研究机构在 1986 年发起了长达 8 年的 PROMETHEUS 项目[23],该项目致力于研究与开发 ACC 系统。其中,Broqua 等人[24]对 ACC 系统作了更加详尽的定义与设计,并利用 SPACES 仿真技术对其进行了模拟与评估;Zhang 等人[25]则设计了一个评价 ACC 系统行驶安全性的模型框架,Joachim 等人[26]将行驶场景分为自由行驶、普通跟车、换道插入等,并针对不同的行驶场景设计了简单的线性控制算法。

在美国,针对日益严重的交通拥堵,加利福尼亚交通部门于 1986 年成立了一个名为 PATH 的组织,致力于对智能交通系统中的若干问题进行研究[27]。在 PATH 的众多项目中,MOU32 计划[28]由 PATH 和福特汽车公司联合资助,主要针对 ACC 系统的设计与仿真展开研究;MOU248 计划则由加州大学智能交通研究中心担任,对 ACC 系统的特性及其对交通流的影响进行评估[29];MOU390 计划则是由美国德克萨斯大学的 Darbha 等人[30]完成,分析车辆在使用 ACC 系统下的队列稳定性以及交通流稳定性。此外,美国的 IVI(Intelligent Vehicle Initiative)

项目也对 ACC 系统展开了为期 9 年的深入研究[27]。从 1996 年 7 月至 1997 年 9 月，由美国 NHTSA、UMTRI 组织和密歇根大学联合展开了一项针对 ACC 系统评估的真车实验[31]。在该实验中，108 名志愿者使用 ACC 系统在密歇根州的高速公路上行驶，根据数据分析以及调查问卷等形式评估了 ACC 系统行驶过程中的安全性及人们对 ACC 系统的接受度和满意度。

日本则从 20 世纪 80 年代开始展开了 IVHS(Intelligent Vehicle Highway System)项目[32]，致力于智能汽车、交通信息采集以及交通管理等方面的研究。此外，日本的 ASV(Advance Safety Vehicle)计划也针对主动安全系统进行了研究，其中包括如何通过车辆 ACC 系统减少因驾驶员失误造成的交通事故，基本上日本所有的汽车生产商均参与了这项计划。在 1995 年，日本推出了第一代 ACC 系统，而 Mazda，Mitsubishi 以及 Toyota 等企业也分别研发了自己的车辆 ACC 系统[33]。由于这些工作都是汽车制造商和供应商为提高企业自身竞争力而在内部展开，因此多数研究成果并未公开。

3) 投产阶段(2001 年至今)

进入到 21 世纪，政府、汽车制造商、交通管理者大力推进 ACC 系统的应用，如今 ACC 系统已逐渐成为国内外一些高档轿车上的标准配件，表 1 - 1 列出了现有市场上配有 ACC 系统的部分车型[27]。

表 1 - 1　现有市场上装配 ACC 系统的部分车型

地　　区	装配 ACC 系统的车型
欧　洲	Audi A6，Audi A8，BMW 3 Series，BMW 7 Series，Jaguar XK-R，Mercedes-Benz S-Class，Volkswagen Phaeton，Volvo S80
美　国	Cadillac DTS，Cadillac STS，Chrysler 300C
日　本	Honda Legend，Nissan Infiniti M，Toyota Lexus ES - 350，Toyota Avalon

经历了半个多世纪的发展，车辆 ACC 系统的架构已趋于标准化，它通常由信息采集单元、信号控制单元、执行单元和人机交互界面等 4 部分组成，如图 1 - 3 所示[34]。信息采集单元主要用于检测本车状态及周围行车环境等信息，如两车间距、相对速度等；信号控制单元则根据车载传感器检测到的当前行驶状况，决策出车辆的控制作用，并输出给油门驱动或刹车制动执行单元；执行单元主要由油门踏板、刹车踏板以及车辆传动系等执行器组成，执行信号控制单元发出的命令；人机交互界面主要用于驾驶员对 ACC 系统的功能选择及参数设定。

可见，信号控制单元是 ACC 系统的"大脑"。在这个模块中，间距策略和 ACC 系统控制算法是其两个核心组成部分，如图 1 - 4 所示。间距策略根据当前行驶环境决定期望的安全车间距,为 ACC 系统控制算法的间距控制提供参考输入值;ACC 系统控制算法则通过控制相应的驱动或制动执行机构,使得车辆在实际行驶过程中保持期望的安全间距[35,36]。

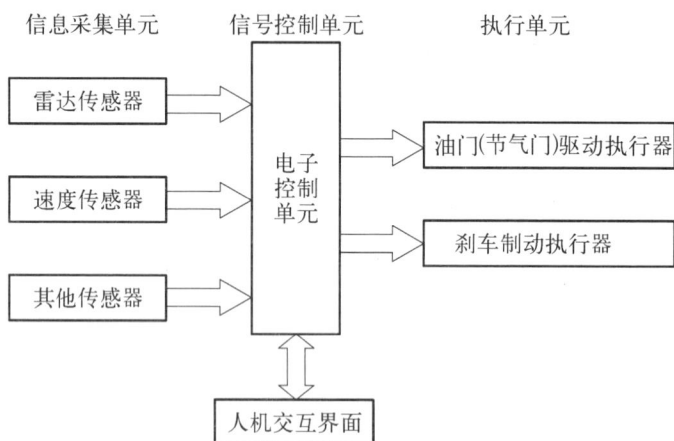

图 1-3   自适应巡航控制系统的架构

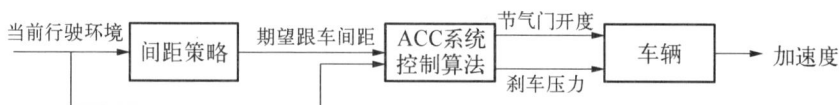

图 1-4   自适应巡航控制系统的信号控制单元框图

在 ACC 系统的实际应用中,主要包括**平稳跟车(car following)**、**前车换道插入(cut in)**、**前车换道离开(cut out)**、**远处接近前车(approaching)**以及**急刹车(hard brake)**这 5 种典型的交通场景,如图 1-5 所示。在现实生活中,实际的交通场景无论多复杂,基本都是由这 5 种场景组合而成。因而一个 ACC 系统控制策略设计的好坏,在于它能否适应这 5 个典型的交通场景并表现出不错的动态特性。本书在后续的研究工作中也主要针对这 5 种典型的交通场景进行仿真实验,分析 ACC 系统控制的有效性。

1.2.2   车辆自适应巡航控制系统的间距策略

在 ACC 系统的信号控制单元中,间距策略决定了行驶过程中采取的安全跟车间距,为后续的 ACC 控制算法提供参考间距输入值,是设计 ACC 系统控制系统的第一步。过小的间距策略容易引发交通事故,而过大的间距策略不仅损失了道路的交通通行能力,而且容易导致邻近车道车辆的换道插入。可见,间距策略设计的

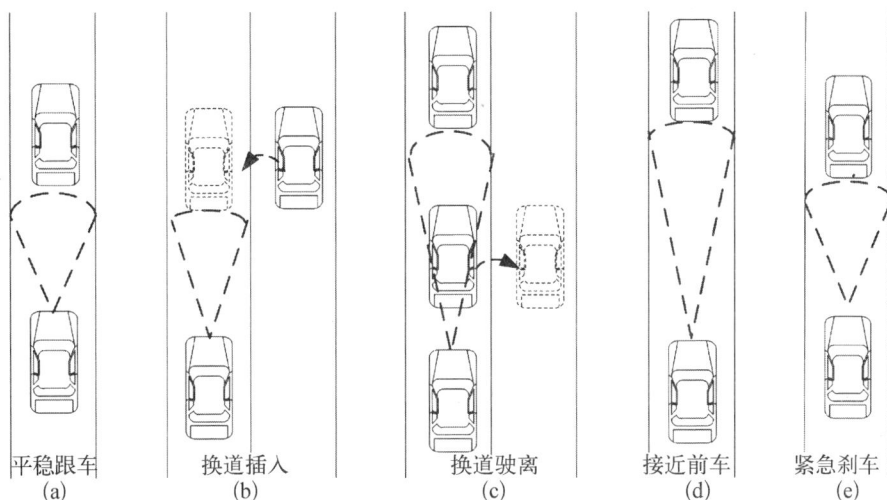

平稳跟车   换道插入   换道驶离   接近前车   紧急刹车
(a)   (b)   (c)   (d)   (e)

图 1-5 自适应巡航控制系统的 5 种典型交通场景

好坏直接决定了行驶过程中的安全性、跟车性以及道路的使用效率等。

现有的间距策略主要可以分为两大类：固定间距策略[37, 38]和可变间距策略。固定间距策略，顾名思义，就是在行驶的过程中始终保持一个恒定的车间距，而与当前行驶环境无关。这种间距策略结构简单，计算量少，但对间距值的选择提出了极大的挑战，既要兼顾到各种复杂的行驶环境，又要尽可能地保证行驶的安全并改善交通流。不少学者[39, 40]通过研究指出：这种固定的间距策略无法适应一些复杂多变的行驶环境，无法平衡行驶过程中的多个控制目的，在缺乏车-车通信的情况下会导致 ACC 系统队列的不稳定。针对固定间距策略的不足与缺点，研究学者提出了随行驶环境变化的可变间距策略。

在可变间距策略中，具有代表性的主要有基于车头时距的安全间距策略以及**仿人间距(human factor distance, HFD)**策略。其中，基于车头时距的间距策略又可分为**恒定车头时距(constant time headway, CTH)**策略和**可变车头时距(variable time headway, VTH)**策略。

CTH 策略最早起源于针对微观手动驾驶行为提出的安全距离模型[41]：

$$\Delta x_{\text{des}} = h_1(v^2 - v_{\text{p}}^2) + t_{\text{h}}v + \Delta x_0 \tag{1-1}$$

式中，Δx_{des} 为期望的安全距离；v、v_{p} 分别代表本车和前车速度；h_1 为参数，主要取决于车辆的最大减速能力；t_{h} 称为车头时距；Δx_0 为最小安全间距，一般包括一个车身长度及车间最小距离。

而在 ACC 系统的行驶过程中，车辆一般处于紧随状态，因此可认为前后两车

速度近似相等,因而式(1-1)可改写为

$$\Delta x_{\text{des}} = t_{\text{h}} v + \Delta x_0 \qquad (1-2)$$

如式(1-2)所示,期望车间距与本车速度成正比,比值为车头时距 t_{h}。也就是说,本车速度越大,相应的车间距也就越大。因为一旦前车发生急刹车,本车车速越大,就需要越充足的刹车距离来避免碰撞。

当式(1-2)中的车头时距 t_{h} 为恒值时,即为 CTH 策略。针对 CTH 策略,中国台湾的 Lin 等人通过大量的仿真实验,研究了车头时距的设定值对 ACC 系统的行驶性能以及交通流的影响,并建议在不同行驶环境下应采取不同的车头时距[42];Chiang 和 Juang 通过分析指出 CTH 策略由于未考虑前车的速度变化,在前车减速等复杂场景下表现得过于保守,从而降低了道路的使用率[43];Swaroop 和 Rajagopal 从高速公路 ACC 系统车队的角度出发,探讨了开放性边界条件下 CTH 策略的队列稳定性[44];而 Li 和 Shrivastava 则对周期性边界条件进行了相关研究[45]。

随着 ACC 系统在高速公路的不断推广,CTH 策略已被证明在许多复杂的行驶环境下表现不尽理想[43, 46]。与 CTH 不同,VTH 策略认为式(1-2)中的 t_{h} 不再维持恒定,而是随着周围行驶环境而变化,这种思想使得 VTH 策略逐渐受到研究学者的青睐[47]。Broqua 等人[48]认为行驶过程中的 t_{h} 应和自身车速成正比,再次强调了本车速度对车间距的重要影响:

$$t_{\text{h}} = h_2 + h_3 v \qquad (1-3)$$

式中, h_2、h_3 为参数。

Yanakiev 和 Kanellakopoulos[35]则认为车头时距不仅与本车速度有关,还应与前车速度有关。当前车速度大于本车速度时,可以适当地减小车头时距来增大交通流量,而当前车速度小于本车速度时,需要增大车头时距来保证安全:

$$t_{\text{h}} = t_0 - c_v v_{\text{rel}} \qquad (1-4)$$

式中, t_0、c_v 为大于 0 的常数;v_{rel} 为前后两车的相对速度:

$$v_{\text{rel}} = v_{\text{p}} - v \qquad (1-5)$$

Swaroop 和 Wang 等人[44, 49]则从宏观交通流的角度,根据著名的 Greenshield 宏观模型理论[50],认为 t_{h} 应与所在道路的拥塞密度及自由流速度有关:

$$t_{\text{h}} = \frac{1}{\rho_{\text{jam}}(v_{\text{free}} - v)} \qquad (1-6)$$

式中, ρ_{jam} 为交通流拥塞密度;v_{free} 为交通流处于自由流状态时的速度。

此外,为了在间距策略中充分体现驾驶员的主观感受,还有一些学者提出了仿人间距策略。如日本的研究学者[51]根据实际驾驶员在行驶过程中的"预瞄"特性,提出了驾驶员预瞄间距策略:

$$\Delta x_{\mathrm{des}} = - v_{\mathrm{rel}} t_{\mathrm{g}} - \frac{a_{\mathrm{p}} \cdot t_{\mathrm{g}}}{2} + \Delta x_{\mathrm{lim}} \qquad (1-7)$$

式中,t_{g}为驾驶员对未来行车状况的预测时间;a_{p}代表前车的加速度;Δx_{lim}表示驾驶员主观感受的车间距离界限。

Xu 等人[52]则通过对高速公路大量行驶数据进行拟合,得出了指数形式的间距策略;美国 Michigan 智能交通实验室 Fancher 等人在 ICCFOT(Intelligent Cruise Control Field Operational Test)数据库的基础上,提出了二次曲线的间距策略形式[53]。

通过分析,现有的多数间距策略因考虑的信息量较少,在前车进行匀速或等加/减速行驶时,还能达到较好的控制效果,一旦前车进行变加/减速行驶或者频繁变速时,控制效果就不理想了,甚至在某些情形下有可能导致交通事故。因此,如何设计一个间距策略,使之适应复杂多变的行驶环境,并有效地平衡行驶过程中的安全性、跟车性以及道路的通行能力,具有十分重要的意义。

1.2.3 车辆自适应巡航控制系统的控制算法

在 ACC 系统的信号控制单元中,如何设计 ACC 系统控制算法,通过控制节气门开度角和刹车压力使车辆以间距策略计算出的期望安全间距行驶,是实现系统功能的关键所在。现有的 ACC 系统主要采用分层控制结构[7, 9, 54, 55],如图 1-6 所示。上层控制算法根据当前的行驶环境决定纵向期望加速度,使 ACC 系统车辆按照期望的安全间距行驶;下层控制算法依据上层得出的期望加速度,通过控制驱动和制动执行器,使车辆最终表现出来的实际加速度和上层计算出的期望加速度值一致。

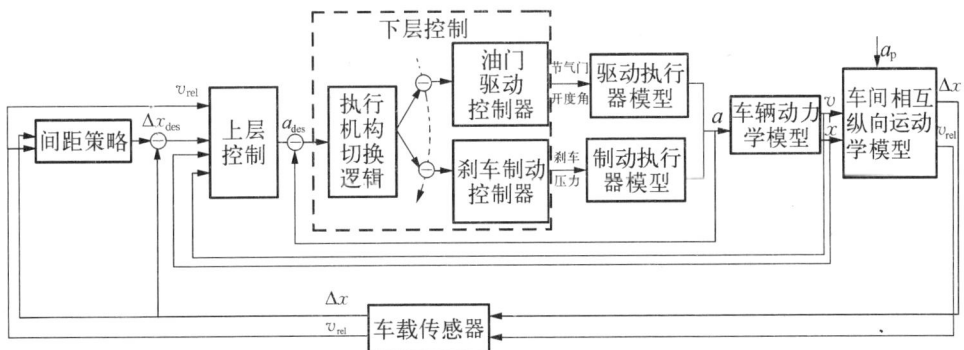

图 1-6　ACC 系统控制的分层控制结构图

由图 1-6 可知,ACC 系统的上层控制扮演着"驾驶员"的角色,被控对象可以看作是本车和前车的车间相互纵向运动学特性,在设计时应强调对行驶过程中控制目的的满足以及对驾驶员行驶特性的体现。

当道路前方没有车辆时,ACC 系统以一个事先设定的速度行驶,由于这种定速巡航的控制目的简单,因而目前大多采用 PID 算法对其进行设计[6, 8]。一旦车载传感器检测到前方有车辆时,ACC 系统通过调整车速,保证一个安全的跟车间距行驶。车间距保持控制是 ACC 系统控制的重点也是难点,具有代表性的工作有:

美国学者 Zhang 和 Petros 等人[56]利用经典的 PID 算法调整 ACC 系统的间距误差和相对速度,并通过零极点配置理论选取控制参数。

德国宝马汽车公司的 Paul[57]针对 ACC 系统上层控制设计了自校正 PID 算法,根据间距误差、相对速度、本车加速度以及一个与前车状态有关的补偿项来计算期望加速度,使车间距和车速快速地调整到期望值。

英国斯特林大学的 Adbullah 等人[58]设计了一个由传统的 PID 控制和零极点配置 PID 算法构成的两层控制框架,并利用模糊逻辑根据 ACC 系统的状态选择合适的控制器。

日本的 Yamamura 等人[59]在分析驾驶员行驶数据的基础上,设计了一个二自由度的 ACC 系统上层控制算法,使 ACC 系统表现出来的行驶行为尽可能接近实际驾驶员的行驶特性。

意大利的 Canale 等人[60]在 Yamamura 的研究基础上采用直接前馈与反馈相结合的二自由度控制结构,通过反馈控制参数的调节来适应不同的驾驶风格。

美国密歇根大学的 Huei 等人[61]则定义了一个由间距误差和相对速度构成的加权性能指标,利用最优控制理论得到 ACC 系统的控制。

韩国学者 Chong[62]基于 Layunov 第二分析方法建立了 ACC 系统的上层控制率,并通过仿真试验证明了该策略对车辆动力学模型的不确定性以及外界环境的扰动有着较好的鲁棒性;Yi[63]等人则利用物理学中的弹簧减振原理来模拟 ACC 系统车辆与前车的运动关系。

法国的 Martinez 和 Carlos 等人[64]则在 Hertz 弹性接触理论和非线性弹簧模型[65]基础上描述两车间距较小时 ACC 系统的行驶策略。

在国内高校中,清华大学的刘中海[12]在前人的基础上提出了带系数调整的串级模糊 PID 控制算法,保留了 PD 型模糊控制器的鲁棒性好、设计简单等优点,通过后级的 PI 控制器消除系统静差并动态调整控制器系数,从而达到了不错的控制效果;中国科技大学的姜锐等人[66]则利用元胞自动机模型设计 ACC 系统上层控制策略,并通过仿真试验研究了对应的 ACC 系统车流特性;吉林大学的管欣[67]将驾驶员的建模理论——稳态预瞄动态校正理论,运用于 ACC 系统上层控制算法的研究,根据 4 个评价指标:行驶安全性、行驶工效性、行驶轻便性、行驶合法性得到不同交通场景下 ACC 系统的上层期望加速度;北京理工大学的吴利军等人[68]分别建立了以车距控制和相对车速控制为目标的两种 LQR 控制算法,根据当前行驶环境在两个算法间切换。除此之外,国防科技大学的李果[69]、清华大学的张德兆[70]、东南大学的申瑞玲[71]、武汉理工大学的朱晓宏[72]均对 ACC 系统上层控制算法进行了研究。

而在 ACC 系统的下层控制中,被控对象是驱动和制动执行机构的动力学特性,因而主要包括执行器的切换逻辑以及各执行机构的控制算法。针对不同执行器的切换逻辑设计,现有的文献大多采用简单的阈值切换规则[73~75]:当上层得出的期望加速度大于某个临界值时,采用油门驱动控制,反之则采用刹车制动控制。而针对各执行机构的控制算法设计,由于不同车辆采用的发动机型号及制动执行器有所不同,比较有代表性的工作有:

日本日立公司的 Kuragaki 等人[76]利用 PID 理论分别设计了 ACC 系统的驱动/制动控制算法,使得车辆实现对上层控制得到的期望加速度的跟踪。

韩国汉阳大学的 Yi 等人[77]则将 PI 控制和前馈思想相结合,设计了 ACC 系统的下层控制,使得系统具有较快的响应速度,但鲁棒性较差。

日本东京大学学者藤冈[78]引入了对执行机构延时干扰的考虑,设计了一个前馈加 H∞ 的二自由度下层控制算法,但由于未考虑自身状态参数以及行驶环境的变化,使得其实用范围受到了一定限制[79]。

国内清华大学的侯德藻[6]针对 ACC 系统下层算法,利用 H∞ 控制理论和模型匹配结构设计了模型匹配鲁棒控制算法,并在设计反馈补偿器时对控制器的控制量进行了加权限制,使得该控制算法在一定程度上避免了因高频外部扰动引起的控制量抖动。

通过总结上述国内外对 ACC 系统分层控制的研究概况,可以发现:现有的 ACC 系统上层控制在考虑行驶目标时大多只关注安全性和跟车性,而对乘坐舒适性和燃油经济性的考虑不足,并且无法较好地体现驾驶员的日常行驶习惯(如驾驶员根据行驶环境选择不同行车策略的特性)。作为扮演驾驶员角色的 ACC 系统上层控制,其行驶过程的乘坐舒适性、燃油经济性以及对驾驶员行驶特性的体现,直接影响驾驶员对 ACC 系统的满意程度和接受度,从而决定了 ACC 系统的使用率。如何在设计 ACC 系统上层控制时有效地平衡行驶过程中的安全性、跟车性、舒适性、燃油经济性等多个控制目标并且充分考虑驾驶员的行驶特性,还需要进一步地研究解决。此外,在这种双层控制结构下,现有研究大多采用简单的阈值逻辑设计下层执行器的切换规则,无法有效地对执行机构的切换性能进行优化,在某些复杂的交通场景下容易引起驱动、制动执行器的频繁切换,降低 ACC 系统车辆的使用寿命。因此,有必要在设计 ACC 系统控制算法时充分考虑对执行机构切换特性的优化,避免因不同执行器频繁切换而造成的机械磨损,提高 ACC 系统的使用率。

1.3　预　测　控　制

预测控制(model predictive control, MPC)是在 20 世纪 70 年代后期提出的一种新型计算机控制算法。由于它采用多步预测、滚动优化以及反馈校正等控制策略,因而具有控制效果好、抗干扰性强、鲁棒性好、能有效处理多变量和系统约束等优点[80]。

纵观预测控制的发展历程,可以认为经历了三个阶段:一是在 20 世纪 70 年代采用非参数模型的阶跃响应和脉冲响应作为预测模型的控制算法,如动态矩阵控制等,一经提出就广泛应用于工业控制,但由于理论分析的困难使得应用者必须对实际过程较为熟悉并且具有一定的经验;二是在 20 世纪 80 年代发展起来的自适应控制算法,但在多变量、有约束、非线性等的情况下仍然存在一定的分析困难;三是在 20 世纪 90 年代发展起来的预测控制定性综合理论,在保证系统稳定性的同时致力于开发新的算法[81]。

目前,预测控制的应用已经遍及各个领域,而全世界采用以预测控制为核心的先进控制算法已经超过了 5 000 多例,国外著名的自动化公司也研发了相应的商品软件,如 Shell Oil 公司的 QDMC、Aspen 公司的 DMC plus 和 Honeywell 公司的 RMPCT 等。

1.3.1　原理概述

预测控制的基本原理可以总结为:在系统采样的每一个时刻,根据预测模型对系统未来的行为进行预测,通过对未来时刻的性能指标进行优化,并根据实测对象的输出对预测模型进行反馈校正,将控制算法设计转化为一个在线的优化命题,通过求解得到相应的控制序列并将第一个控制量作用于系统,接着再将预测时域向前推进一步,不断重复该过程。因此,预测控制的三个基本特征为:预测模型、反馈校正、滚动优化。

1) 预测模型

预测控制是一种基于模型的控制算法,这一模型称为预测模型。预测模型的主要功能是根据被控对象的历史信息对未来输出进行预测,因而它只强调模型的功能而非模型的结构。传递函数、状态方程均可以作为预测模型。而非线性系统模型、分布参数系统模型,只要具备上述功能,均可以在对这类系统进行预测控制时作为预测模型使用[81~83]。

2）滚动优化

预测控制最主要的特征就是在线滚动优化。通过对关于系统未来行为的某一性能指标进行优化，得到系统的控制序列，并把求得的第一时刻的控制量作用于系统。不同于通常的最优控制算法，预测控制中的优化性能指标不是一个不变的全局优化目标，而是采用滚动式的局部优化目标。在每一个采样时刻，优化性能指标只涉及未来有限的时间，而到下一个采样时刻，这一优化时域将向前推移。不同时刻的优化性能指标的相对形式是相同的，但其绝对形式是不同的[83]。因而预测控制的优化过程不是一次离线进行的，而是反复在线进行的，这也是滚动优化的意义。

3）反馈校正

由于预测模型通常无法精确地描述系统的动态特性，加上实际系统中的时变、干扰等因素，因而基于一个不变模型的预测输出，不可能完全与系统的实际输出一致，需要采用反馈策略对模型进行校正。众所周知，反馈在克服干扰、模型的不确定以及获得闭环稳定性方面有着不可替代的作用。预测控制发展至今，不断充分地利用反馈并证实反馈的意义。在预测控制的每一个采样时刻，均根据实际测得的输出对预测模型进行反馈校正，然后在此基础上进行优化，使滚动优化建立在预测模型输出误差反馈校正的基础上，因而构成了闭环优化。

综上所述，预测模型利用历史信息以及预测模型，通过对未来时刻的性能指标进行不断的滚动优化，并根据实测对象输出修正预测模型，将控制策略的设计转化为一个在线的优化命题。可以说，预测模型、滚动优化、反馈校正这三个特征是预测控制在实际应用中取得成功的技术关键。

1.3.2　数学方程描述

以基于离散时间状态空间方程的线性模型为例，说明预测控制的数学描述形式[84]。考虑如下系统的线性模型：

$$x(k+1) = Ax(k) + Bu(k) \tag{1-8}$$

式中，$x(k)\in R_n$、$u(k)$分别为k时刻系统的状态和控制输入。

存在如下状态约束和控制约束：

$$x(k) \in X \tag{1-9}$$

$$u(k) \in U \tag{1-10}$$

式中，U为允许控制量的凸集；X表示R_n中的状态约束凸集。

考虑到模型失配以及系统的时变、干扰等影响，在预测时，采用实际输出与模型输出之间的误差进行反馈校正：

$$\hat{\boldsymbol{x}}_{\text{p}}(k+1\mid k)=\boldsymbol{A}\boldsymbol{x}(k)+\boldsymbol{B}\boldsymbol{u}(k)+\boldsymbol{h}\boldsymbol{e}(k) \tag{1-11}$$

式中，$\hat{\boldsymbol{x}}_{\text{p}}(k+1\mid k)$ 为 k 时刻基于模型对 $k+1$ 时刻的系统状态预测；$\boldsymbol{h}$ 为反馈校正向量；$\boldsymbol{e}(k)$ 为 k 时刻检测到的实际输出 $\boldsymbol{x}_{\text{actual}}(k)$ 与模型预测输出的误差：

$$\boldsymbol{e}(k)=\boldsymbol{x}_{\text{actual}}(k)-\hat{\boldsymbol{x}}_{\text{p}}(k\mid k-1) \tag{1-12}$$

有限时域预测控制的优化问题为

$$\min_{\boldsymbol{u}}J(\hat{\boldsymbol{x}}_{\text{p}}(k))=\sum_{i=0}^{p}L[\hat{\boldsymbol{x}}_{\text{p}}(k+i\mid k),\boldsymbol{x}_{\text{ref}}(k+i\mid k)]+\sum_{i=0}^{m-1}F[\boldsymbol{u}(k+i\mid k)] \tag{1-13}$$

s. t.
$$\boldsymbol{u}(k+i\mid k)\in\boldsymbol{U}\quad i\in0,1,\cdots,m-1 \tag{1-14}$$

$$\boldsymbol{u}(k+i\mid k)=\boldsymbol{u}(k+m-1\mid k)\quad i\in m,m+1,\cdots,p-1 \tag{1-15}$$

$$\hat{\boldsymbol{x}}_{\text{p}}(k+i\mid k)\in\boldsymbol{X}\quad i=0,1,\cdots,p \tag{1-16}$$

式中，$\boldsymbol{x}_{\text{ref}}$ 代表状态向量 $\boldsymbol{x}$ 对应的参考轨迹；函数 $L(\cdot)$ 用来表征系统的预设优化目标；$F(\cdot)$ 表示对控制向量的优化，通常取为如下形式：

$$L(\hat{\boldsymbol{x}}_{\text{p}},\ \boldsymbol{x}_{\text{ref}})=(\hat{\boldsymbol{x}}_{\text{p}}-\boldsymbol{x}_{\text{ref}})^{\text{T}}\boldsymbol{Q}(\hat{\boldsymbol{x}}_{\text{p}}-\boldsymbol{x}_{\text{ref}}) \tag{1-17}$$

$$F(\boldsymbol{u})=\boldsymbol{u}^{\text{T}}\boldsymbol{R}\boldsymbol{u} \tag{1-18}$$

式中，$\boldsymbol{Q}$、$\boldsymbol{R}$ 为正定对称阵。

预测控制的实质就是在当前时刻，利用状态信息 $x(k)$，找到满足上述优化命题式(1-11)～式(1-18)的最优控制序列 $u(k)$，$u(k+1)$，$u(k+2)$，$\cdots$，$u(k+m-1)$，并将第一个控制量作用于系统，并在下一个时刻重复该操作，实现滚动优化[85]。

对于线性系统，预测控制的优化命题可以转化为一个二次规划问题，可利用积极集或内点法[86]进行求解，在 Matlab Optimization Toolbox 中有直接的求解器可以完成。因而在实际应用预测控制时，大多采用线性模型，或者对非线性模型进行线性化近似作为预测模型，提高求解效率。

1.3.3　预测控制的应用

伴随着预测控制的不断发展，近年来已广泛应用于化工、航天、交通、机器人、汽车等方面，并取得了丰硕的研究成果。

在化工领域,Sanchez 等人[87]将基于状态空间的模型预测控制算法应用于污泥处理过程,从而对氧池的溶解氧浓度进行了有效控制。在此基础上,谢生钢[88]研究了区间广义预测控制策略在污水处理过程中的应用,并采用分层多目标优化算法进行在线优化求解。

在无人直升机领域,杜建福[89]针对常规无人直升机控制算法无法有效处理执行器约束、输出约束以及操纵滞后等问题,利用 MPC 理论设计了无人直升机的姿态控制器、速度控制器和位置控制器等,并引入显示预测控制算法,将在线优化问题离散化,通过查找相应的控制区域计算得到控制量,满足嵌入式系统的设计需求。

在轨道交通方面,早在 1984 年,日本首先成功地将 MPC 控制与模糊控制理论结合,应用于轨道列车**自动运行(automatic train operation,ATO)**系统[90],并于 1987 年顺利运营[91],成为预测控制在轨道列车自动控制系统中成功应用的典范。针对中国 ATO 的运行状况,国内学者[92]研究了隐式广义预测控制算法在列车自动控制系统中的应用,保证了自动运行过程中的各个运行指标,并能合理处理线路状况、天气状况等因素的影响。

在机器人控制领域中,Leung 等人[93]将移动机器人的轨迹跟踪控制转化为一个有限时域的优化命题,利用扩展 kalman 滤波方法对机器人的运动状态进行估计,继而在预测控制的框架下设计相应的控制算法,使其可以有效地处理系统约束和机器人的多个控制目标。Yoo 等人[94]采用自回归小波神经网络进行模型辨识来估计移动机器人的运动状态,并根据李亚普诺夫稳定准则设计了一个自学习梯度下降法对神经网络进行训练,接着利用广义预测控制对移动机器人的路径跟踪控制进行了设计。国内的韩光信等人[95]针对轮式移动机器人的轨迹跟踪控制,研究了全动态误差系统准无限时域的非线性预测控制策略。

针对混合动力车辆控制系统,Rajagopalan 等人利用预测控制对其进行设计,通过 GPS 系统对未来行驶的路况以及行车环境进行预测,并通过模糊逻辑决定电池和电机系统的切换规则[96]。随后,Kim 等人[97]将电机和发动机的转矩分配比及车速作为控制变量,建立了相应的非线性 MPC 算法。Beck 等人[98]将 MPC 算法和动态规划算法结合,设计了混合动力的切换控制策略。Kermani 等人[99]则从减少混合动力汽车的油耗及尾气排放出发,建立了基于拉格朗日的全局优化算法,并在 MPC 的控制框架下实现了控制器的设计。潘文军以中度混合动力汽车再生模型为预测模型,并对系统状态变量的可达区域进行限制,设计了相应的 MPC 控制策略[100]。

由此可见,模型预测控制已经成为最有代表性的先进控制算法,并受到控制界的广泛青睐。而 Cornoa[101]也在文献中指出,预测控制因能有效处理 ACC 系统的多个优化目标以及系统约束,并及时弥补模型失配、时变、干扰等引起的不确定性等,很适合用于车辆 ACC 系统的控制策略设计。

1.4　本 书 内 容

车辆 ACC 系统作为车辆工程和智能交通领域的一个重要研究课题,在其关键技术方面还有许多值得探索和进一步解决的问题。本书的主要研究内容分为以下几个部分:

1) ACC 系统的间距策略研究

针对现有的间距策略无法适应复杂多变的行驶环境,本书第 2 章提出了一个考虑前车速度趋势的可变车头时距策略,并对其间距误差的收敛稳定性进行了理论证明。该间距策略不仅考虑了相对速度对期望车间距的影响,而且通过引入对前车未来速度扰动的考虑,提高间距策略的前瞻性以及抗干扰能力,并通过饱和函数的处理,使车头时距更合理的同时改善交通流的通行能力。通过对多个典型交通场景的仿真实验,证实了该间距策略有效地平衡了行驶过程中的安全性和跟车性,改善了间距控制的动态性能。

2) 基于 MPC 的多目标 ACC 系统上层控制算法研究

针对现有 ACC 系统上层控制算法缺乏对舒适性和燃油经济性的考虑,本书第 3 章在 MPC 的框架下设计了一个兼顾安全性、跟车性、乘坐舒适性和燃油经济性的多目标 ACC 系统上层控制算法。在第 3 章中,首先建立了 ACC 系统车间相互纵向运动学模型,通过考虑前车加速度的扰动影响,并引入对本车加速度和加速度变化率的描述,保证了模型的精度。接着在该模型基础上,通过对 ACC 系统上层的多个控制目标进行分析,将其转化为相应的优化性能指标和系统约束,在 MPC 的理论框架下设计了多目标 ACC 系统上层控制算法。仿真实验表明该多目标 ACC 系统上层控制策略在满足安全性和跟车性的基础上,显著改善了乘坐舒适性和燃油经济性。

3) 考虑驾驶员行驶习惯的双模式 ACC 系统上层控制算法研究

针对现有 ACC 系统上层控制算法无法有效体现驾驶员行驶特性的不足,本书第 4 章在分析驾驶员行驶习惯的基础上,提出了一个双模式多目标 ACC 系统上层控制算法。当两车间距处于期望值附近甚至更近时,该双模式 ACC 系统算法采用**平稳跟车(steady following)** 模式,利用第 3 章提出的多目标 ACC 系统控制算法,安全平稳地对前车进行跟车。一旦车间距远大于期望值时,ACC 系统切换到**快速接近(fast approaching)** 模式,利用时间最优的多目标 MPC 算法模拟驾驶员的行驶心理,在保证安全舒适的前提下,快速接近前车。在该模式下,通过引入离散时域变量并加入终端约束来实现时间最优性,在 MPC 的框架下最终将控制算法设计转化为一个带约束的**混合整数非线性规划(mixed integer nonlinear programming, MINLP)**命题,并研究了一种双层嵌套求解算法将该 MINLP 命题分解为一个整数规划和一个二次规划,对其进行有效求解。为模拟驾驶员根据行驶环境选择行车策略的过程,基于模糊推理建立了两个模式的切换逻辑。仿真实验表明:该双模式 ACC 系统上层控制算法不仅保证了行驶过程中的安全性、跟车性、舒适性、节油性,而且有效体现了驾驶员的日常行驶习惯,有利于避免换道乱插队现象的发生、提高驾驶员对车辆 ACC 系统的满意程度、提高 ACC 系统的使用率。

4) 执行机构优化切换的多目标 ACC 系统一体化控制算法研究

针对分层控制结构无法对驱动/制动执行机构的切换特性进行有效优化的不足,本书第 5 章提出了一体化 ACC 系统控制结构,并在该结构下设计了油门驱动和刹车制动优化切换的多目标控制算法。与传统的分层结构不同,该一体化控制结构根据当前行驶环境和行驶目的直接决定执行器的切换规则以及对应的控制输入量。在该控制结构下,首先通过引入逻辑变量并加入逻辑不等式约束,将油门驱动和刹车制动执行机构的特性统一在一个模型框架下,继而结合车间相互纵向运动学特性,得到了反映车辆 ACC 系统整车动态特性的一体化模型。接着在该模型基础上,利用 MPC 的框架设计了执行器优化切换的多目标 ACC 系统控制算法,在满足车辆多个行驶目标的同时,对执行机构的切换特性(切换序列和执行器输入量)进行有效优化,并对其进行有效求解。仿真结果表明该控制算法在保证 ACC 系统在满足多个行驶目的的同时,有效避免了驱动和制动执行器的频繁切换、改善了执行器的输入动态响应,提高了 ACC 系统的机械使用寿命。

5) 总结与展望

第 6 章对本书研究成果进行了小结,并展望了今后进一步的研究工作。

2 ACC 系统的间距策略研究

2.1 引　言

间距策略,作为 ACC 系统的重要组成部分,决定了 ACC 系统车辆在行驶过程中的跟车间距,为 ACC 系统的控制算法提供参考间距输入值。在 ACC 系统的控制过程中,先由间距策略根据行驶环境决定期望的安全跟车间距,再利用控制算法通过控制相应的节气门开度角和制动器的制动压力,实现车辆对期望车间距的自适应调整。可见,任何一个 ACC 系统的设计都必须从间距策略开始[5, 102]。

对间距策略而言,过小的车间距容易引发交通事故,而过大的车间距不仅损失了道路的交通流量,同时还可能导致频繁的换道乱插队现象,从而影响 ACC 系统车辆的跟车效率、降低 ACC 系统的使用率。因而车间距策略的好坏在于它能否适应复杂多变的行驶场景,并有效地平衡行驶过程中的安全性、跟车性以及道路的通行能力等。

如第 1 章所述,Yanakiev 的可变车头时距策略[35]如下:

$$t_h = t_0 - c_v v_{rel} \qquad (2-1)$$

式中,t_h 为间距策略中的车头时距取值;t_0、c_v 为大于 0 的常数;v_{rel} 为前后两车的相对速度。

该 VTH 策略认为行驶过程中的车头时距与两车相对速度有关,并随着相对速度的不断增大而减小。通过分析可以发现,该间距策略因考虑的信息量较少,在前车进行匀速或者等加/减速行驶时,还能达到较好地控制效果。一旦前车进行变加/减速行驶或者频繁变速时,控制效果就不尽理想。此外,当本车车速和前车速度一定时,无论前车是处于减速还是加速状态,该策略计算出的期望车头时距值都相等,这显然存在不合理之处。因为在两车相对速度一定时,相比于前车加速的情形,前车减速情况下应该要求更大的车头时距来避免由于前车减速而可能造成的碰撞。

因此,本章在该可变车头时距策略基础上,考虑前车的速度变化趋势对期望安全间距的影响,设计了一个具有预见性的可变车头时距策略,并对其间距误差的收敛稳定性进行了理论证明。最后,通过选取经典的 PID 算法作为 ACC 系统的上层控制算法,分别对 CTH 间距策略、Yanakiev 间距策略以及本章提出的间距策略进行仿真对比,验证该间距策略的有效性。

2.2 考虑前车速度趋势的可变车头时距策略

通过分析,可以发现:当两车相对速度一定时,若前车正处于减速行驶的状态,为保证行驶的安全、避免碰撞,应该适当增大车头时距;反之,如果前车正处于加速的状态,在不影响安全性的前提下可以适当减小车头时距,有利于避免换道乱插队的现象,提高 ACC 系统的使用率。可见,在间距策略中考虑前车的速度变化趋势有利于提高 ACC 系统控制的动态性能。为此,本节在现有的 VTH 策略基础上考虑前车速度变化趋势对期望车间距的影响,设计 ACC 系统的间距策略。

在车头时距的计算中,引入前车加速度代表前车速度的未来变化趋势,得到如下形式:

$$t_h = t_0 - c_v v_{rel} - c_a a_p \tag{2-2}$$

式中,a_p 为前车加速度;t_0,c_v,c_a 为大于 0 的参数。

在实际应用中,前车加速度可以根据两车的相对速度和本车的加速度估算得出:

$$a_p = \dot{v}_{rel} + a \tag{2-3}$$

式中,$\dot{v}_{rel}$ 表征两车相对速度的导数。

考虑到车头时距不可能为负值(意味着两车发生碰撞),而过大的车头时距将造成交通流量的浪费,因此引入饱和函数使车头时距的取值更为合理:

$$t_h = sat(t_0 - c_v v_{rel} - c_a a_p) = \begin{cases} t_{h\_max} & \text{if } t_0 - c_v v_{rel} - c_a a_p > t_{h\_max} \\ t_0 - c_v v_{rel} - c_a a_p & \text{if } t_{h\_min} < t_0 - c_v v_{rel} - c_a a_p < t_{h\_max} \\ t_{h\_min} & \text{otherwise} \end{cases}$$

$$\tag{2-4}$$

式中,$sat(\cdot)$ 为饱和函数;t_{h_max} 为车头时距上限值;t_{h_min} 为车头时距下限值。

因此,对应的期望跟车间距为

$$\Delta x_{des} = t_h v + \Delta x_0 \tag{2-5}$$

式(2-4)、式(2-5)即为考虑前车速度变化趋势的可变车头时距策略。该可变车头时距策略不仅考虑了前后车的相对速度,而且引入了对前车速度变化趋势,即加速度的考虑,通过预测未来前车的速度扰动来提高间距策略的前瞻性以及抗干扰能力,并利用饱和函数的处理,使车头时距的取值更为合理,因而有利于平衡行驶过程中的安全性和跟车性,使之适应更加复杂多变的交通场景。

2.3　间距误差稳定性证明

对于车辆 ACC 系统来说,当前车稳定行驶(加速度为 0)时,间距策略必须保证其间距误差是收敛的,否则在此基础上设计的 ACC 系统控制策略将不具备稳定性[9]:

$$当 a_p \rightarrow 0, \delta \rightarrow 0 \qquad (2-6)$$

式中,δ 为间距误差,即

$$\delta = \Delta x - \Delta x_{des} \qquad (2-7)$$

针对间距误差收敛条件式(2-6),接下来对本章提出的可变车头时距策略进行理论证明。

无论采用何种 ACC 系统控制策略,控制的最终目的都是通过调整车速使实际间距与间距策略得出的期望安全间距一致。当两车实际车距 Δx 大于期望间距 Δx_{des} 时,应使本车速度大于前车车速来减小车间距,即 $v > v_p$;反之,如果实际车间距 Δx 小于 Δx_{des},应减小车速使 $v < v_p$ 来增大车间距,将其调整至期望值。故可用下式来表示[35]:

$$v_{rel} + k_h \delta = 0 \qquad (2-8)$$

式中,k_h 为大于 0 的常数。

对式(2-8)进行微分,得到:

$$\dot{v}_{rel} = -k_h \dot{\delta} \qquad (2-9)$$

式(2-5)代入式(2-7)得到:

$$\delta = \Delta x - \Delta x_0 - t_h v \qquad (2-10)$$

对式(2-4)、式(2-10)分别进行微分,得到:

$$\dot{\delta} = v_{rel} - \dot{t}_h v - t_h \dot{v} \qquad (2-11)$$

$$t_h = \begin{cases} -c_v \dot{v}_{rel} - c_a \dot{a}_p & \text{if } 0 < t_0 - c_v v_{rel} - c_a a_p < t_{h\_max} \\ 0 & \text{otherwise} \end{cases} \tag{2-12}$$

构造如下函数：

$$\alpha_t(t_h) = \begin{cases} 1 & 0 < t_0 - c_v v_{rel} - c_a a_p < t_{h\_max} \\ 0 & \text{otherwise} \end{cases} \tag{2-13}$$

因而式(2-12)可改写为

$$t_h = \alpha_t(t_h)(-c_v \dot{v}_{rel} - c_a \dot{a}_p) \tag{2-14}$$

将式(2-9)、式(2-14)代入式(2-11)，得

$$\dot{\delta} = -k_h \delta - t_h \dot{v} - \alpha_t(t_h)(-c_v \dot{v}_{rel} - c_a \dot{a}_p)v \tag{2-15}$$

当前车稳定行驶时，有

$$\begin{aligned}\dot{\delta} &= -k_h \delta + t_h \dot{v}_{rel} - \alpha_t(t_h)(-c_v \dot{v}_{rel} - c_a \dot{a}_p)v \\ &= -k_h \delta - t_h k_h \dot{\delta} - \alpha_t(t_h)(c_v k_h \dot{\delta} + c_a \dot{a}_p)v \end{aligned} \tag{2-16}$$

当 $a_p \to 0$ 时，对式(2-16)进行化简，得到：

$$\{1 + [t_h + \alpha(t_h)c_v v]k_h\}\dot{\delta} + k_h \delta = 0 \tag{2-17}$$

因为

$$t_h \geqslant 0,\ \alpha(t_h) \geqslant 0,\ c_v > 0,\ v \geqslant 0,\ k_h > 0$$

所以

$$1 + [t_h + \alpha(t_h)k_h]k_h \geqslant 1 \tag{2-18}$$

根据式(2-18)，式(2-17)可改写为如下形式：

$$\dot{\delta} = -k_\delta \delta \tag{2-19}$$

其中

$$k_\delta = \frac{k_h}{1 + [t_h + \alpha(t_h)c_h v]k_h} > 0$$

由式(2-19)可知，当 $\delta > 0$ 时，$\dot{\delta}$ 为负值，说明 δ 将越来越小，反之当 $\delta < 0$ 时，$\dot{\delta} > 0$，即 δ 将朝着增大的方向演化，所以间距误差 δ 最终是收敛于 0 的。

可见,在本章提出的可变车头时距策略下,间距误差是稳定收敛的。

2.4　仿　真　分　析

为了验证提出的可变车头时距策略,本章以经典的 PID 算法[56]为例作为 ACC 系统的上层控制算法,分别采用恒定车头时距(CTH)策略、现有的可变车头时距(VTH)策略[35],以及本章提出的改进可变车头时距策略,进行了如下 5 个典型交通场景的仿真实验:① 跟车(car following);② 换道插入(cut in);③ 换道离开(cut out);④ 接近(approaching);⑤ 急刹车(hard brake)。针对各个间距策略在每个典型交通场景下的仿真结果,对其行驶过程中的动态性能进行比较分析,验证本章提出的间距策略的有效性。

在仿真实验中,间距策略的参数取值分别为:$t_{\text{h\_max}} = 2.2 \text{ s}$, $t_{\text{h\_min}} = 0.2 \text{ s}$, $t_0 = 1.5 \text{ s}$, $c_v = 0.05$, $c_a = 0.3$。

场景 1:跟车(car following)

跟车场景是现实生活最为常见的一种交通场景。该场景主要考察了单车道上当前车速度不断发生变化时,ACC 系统车辆的速度调节与跟踪能力。仿真初始时刻的车间距为 40 m,本车和前车初始速度分别为 15 m/s 和 20 m/s,在这个过程中前车进行频繁加减速运动。在 PID 算法下,CTH 策略、现有的 VTH 策略以及本章提出的 VTH 间距策略对应的 ACC 系统车辆的动态响应曲线如图 2-1 所示。

由图 2-1 的仿真结果可知,在该跟车场景下,由于初始时刻前车速度大于本车车速,三种间距策略下的 ACC 系统车辆均采取加速以实现对前车的跟车,然而伴随着前车的减速,它们在加速一段时间后又不得不采取减速来适应前车的频繁变速。如图 2-1(a)所示,改进的可变车头时距策略由于考虑了两车的相对速度以及前车未来速度的变化趋势,为 ACC 系统控制算法提供了更大期望跟车间距(相比于 CTH 策略和现有的 VTH 策略),因而该策略下的 ACC 系统车辆在 $t = 2 \text{ s}$(速度为 20.5 m/s)时就开始采取减速(最大减速度为 2.08 m/s²),以避免因前车剧烈减速而可能造成的碰撞。而现有的 VTH 策略和 CTH 策略分别在 $t = 2.4 \text{ s}$ 和 $t = 3 \text{ s}$ 才开始减速,正因为它们的响应滞后,因而不得不采取比本文策略更为剧烈的减速行为(CTH 策略最大减速度为 2.86 m/s²,现有 VTH 策略最大减速度为 2.25 m/s²)。可见,在前车的剧烈减速过程中,改进间距策略下的 ACC 系统车辆及时地采取了减速行为,有利于避免因前车急刹车而造成的碰撞,提高了行驶的安全性。随着时间的推移,前车在 $t = 6 \text{ s}$ 开始采取加速行为,可以认为此时安全性相对不受威胁。为了避免过大的车间距使得邻近车道的车辆换道插入,改进的间距

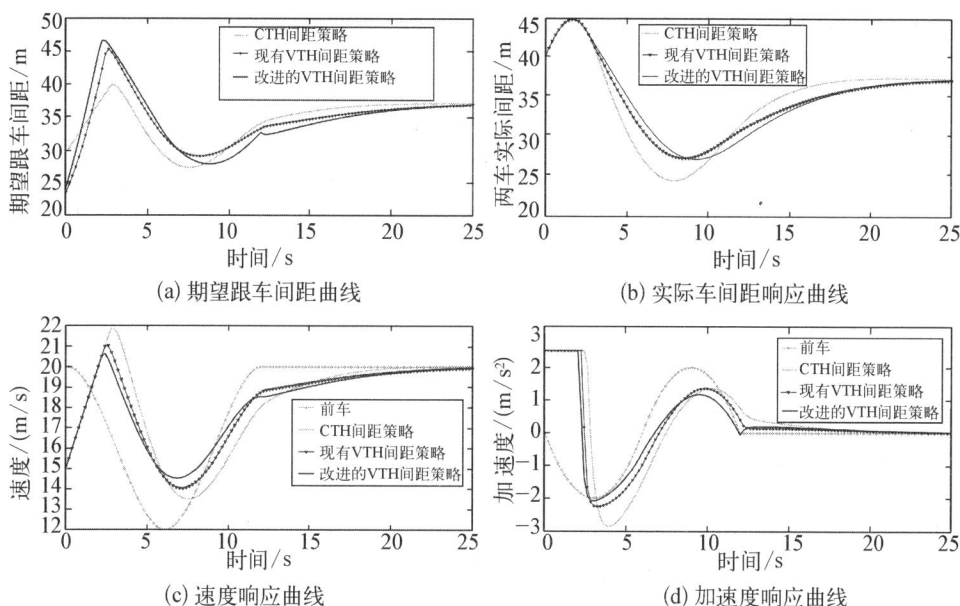

(a) 期望跟车间距曲线 (b) 实际车间距响应曲线

(c) 速度响应曲线 (d) 加速度响应曲线

图 2-1 跟车场景下三种间距策略的仿真曲线图

策略在保证安全性的前提下适当地减小了期望跟车间距,对应的 ACC 系统车辆在 $t=6.8$ s 时开始实行加速。而现有的 VTH 策略和 CTH 策略对应的 ACC 系统车辆分别在 $t=7.4$ s 和 $t=7.8$ s 才意识到前车的这一加速趋势,逐渐开始加速,并采取比新提出的间距策略更为剧烈的加速行为[见图 2-1(d)]。在这整个过程中,本章提出的间距策略因引入了对前车未来速度变化趋势的考虑,对应速度响应曲线比其他两种策略更为平滑。综上所述,在跟车场景下,面对前车的频繁变速,新提出的间距策略具有较好的适应能力和前瞻性,在前车开始减速时,通过增大期望车间距来保证 ACC 系统车辆行驶的安全性,而在前车加速运动时,在保证安全性的前提下通过适当减小期望车间距来提高 ACC 系统车辆的跟车效率,有效地平衡了行驶过程中的安全性和跟车性,平滑了 ACC 系统的动态响应曲线。

场景 2:换道插入(cut in)

该场景模拟的是:在 ACC 系统车辆的行驶过程中,邻近车道的前车突然发生换道,插入到本车的前方。仿真初始时刻,ACC 系统车辆与前车的车间距为 70 m,本车速度 20 m/s,前车车速为 15 m/s,在 $t=5$ s 时发生换道插入,导致 ACC 系统车载传感器检测到的车间距瞬间变为 25 m,换道插入后的前车速度为 15 m/s。在 PID 算法下,各间距策略对应的响应曲线如图 2-2 所示。

一般来说,造成换道插入场景发生的主要原因是较大的车间距,因而在仿真初始时刻,三种间距策略下的 ACC 系统车辆均加速行驶,希望在尽可能短的时间内将车间距调整至期望值。伴随着这种加速行驶,两车的速度差值越来越大。与 CTH 策略相比,VTH 策略通过适当增大期望跟车间距,使 ACC 系统车辆采取了较为平滑的加速响应,避免了因不断加速而导致的安全隐患。在 $t=5$ s 时,邻近车道的一辆前车换道插入到本车道前方,车间距瞬间减小至 25 m,此时无论采取何种间距策略,ACC 系统均要采取制动进行有效避撞。如图 2-2(d)所示,三种间距策略下的 ACC 系统车辆均采取了剧烈的减速行为来保证行驶的安全。随着时间的推移,当本车速度降到小于前车速度时,考虑到前车处于加速行驶的状态,车间距将逐渐增大,可以认为此时安全性相对不受到威胁,改进后的 VTH 间距策略在保证安全行驶的前提下,通过适当减小期望跟车间距使 ACC 系统车辆及时地跟踪前车的加速变化,提高了跟车效率。综上,在换道插入场景下,改进的 VTH 策略比 CTH 和原有的 VTH 策略具有更好的适应能力,在换道插入发生时,有效地避免了避撞,并同时改善了跟车效率。

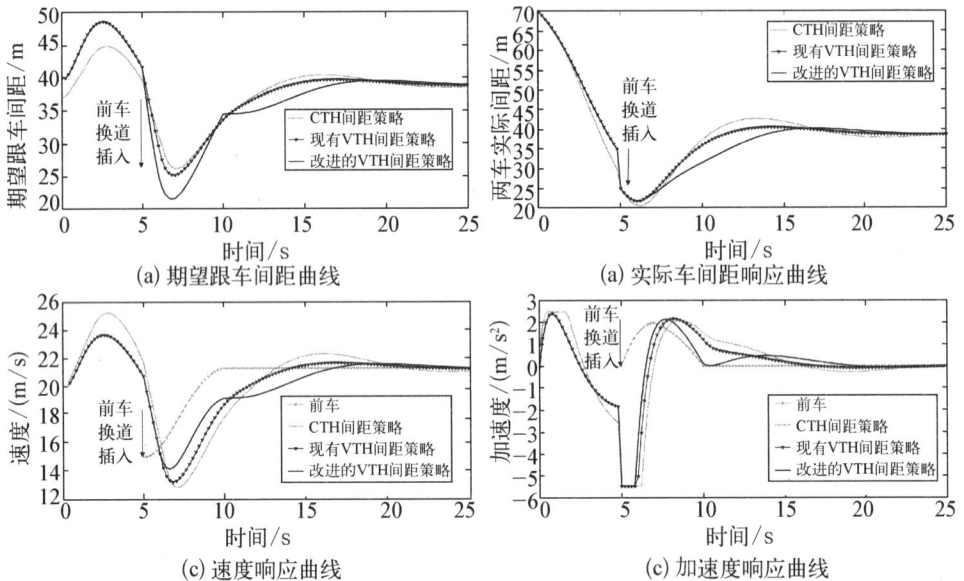

(a) 期望跟车间距曲线
(a) 实际车间距响应曲线
(c) 速度响应曲线
(c) 加速度响应曲线

图 2-2　换道插入场景下三种间距策略的仿真结果图

场景 3: 换道离开(cut out)

该场景考察的是 ACC 系统车辆在稳定行驶的过程中,前车突然换道离开本车道,本车如何采取相应的措施来适应此变化。仿真初始时刻,本车速度以 15 m/s 匀速行驶,在 $t=5$ s 时前车发生换道离开本车道,使得车载传感器检测到的前车变为远处 60 m 另一辆以 15 m/s 减速行驶的车辆,在 PID 算法下,各间距策略对应的期望跟车间距、实际车间距、速度和加速度响应曲线如图 2-3 所示。

如图 2-3 所示,初始时刻 ACC 系统车辆正在匀速稳定地行驶,在前车换道离开后,三种间距策略对应的 ACC 系统车辆均采取加速来缩小因换道离开导致的较大车间距。然而,伴随着前车速度的不断变化,改进的 VTH 间距策略由于考虑了相对速度和前车的加速度,通过适当增加期望跟车间距[见图 2-3(a)]来使 ACC 系统车辆及时采取减速行为,适应前车速度变化的同时,避免因不断加速而导致的两车相撞,并平滑 ACC 系统行驶过程中的响应。而 CTH 策略和现有的 VTH 间距策略在前车换道离开后的初期,由于缺乏对前车速度变化趋势的预见能力,采取了较为剧烈的加速行为来追赶前车,随后又采取了更为剧烈的减速行为来调整本车速度。可见,本章提出的间距策略因对前车速度变化趋势的有效考虑,在换道离开发生后通过及时采取相应的措施平滑了 ACC 系统的动态响应。

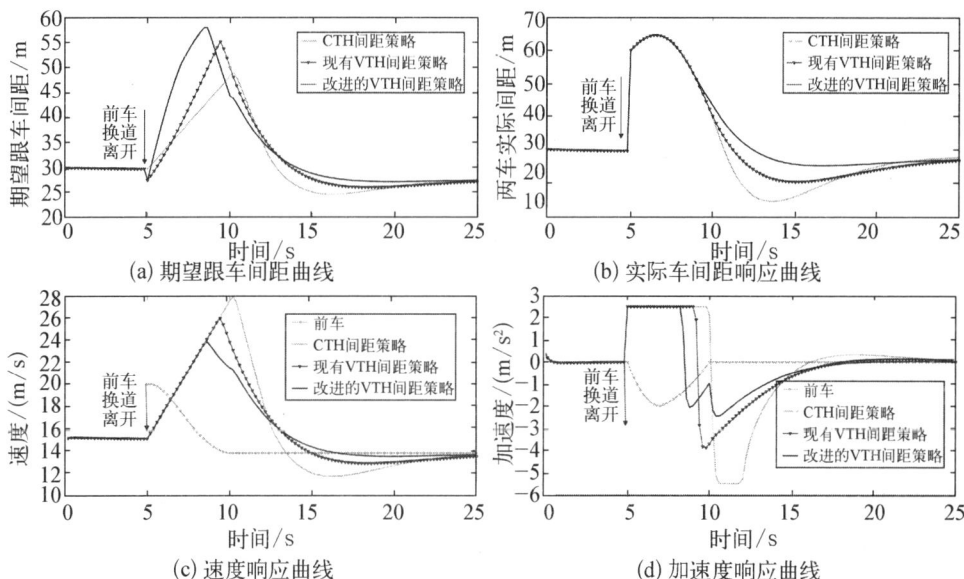

图 2-3 换道离开场景下三种间距策略的仿真结果图

场景 4:远处接近前车(approaching)

该场景模拟的是 ACC 系统车辆从较远处接近前车的情形。仿真初始间距为 120 m,本车和前车的速度均为 20 m/s,在 ACC 系统车辆逐渐接近前车的过程中,前车频繁变速。在这种场景下,各间距策略对应的期望跟车间距、实际车间距、速度和加速度响应曲线如图 2-4 所示。

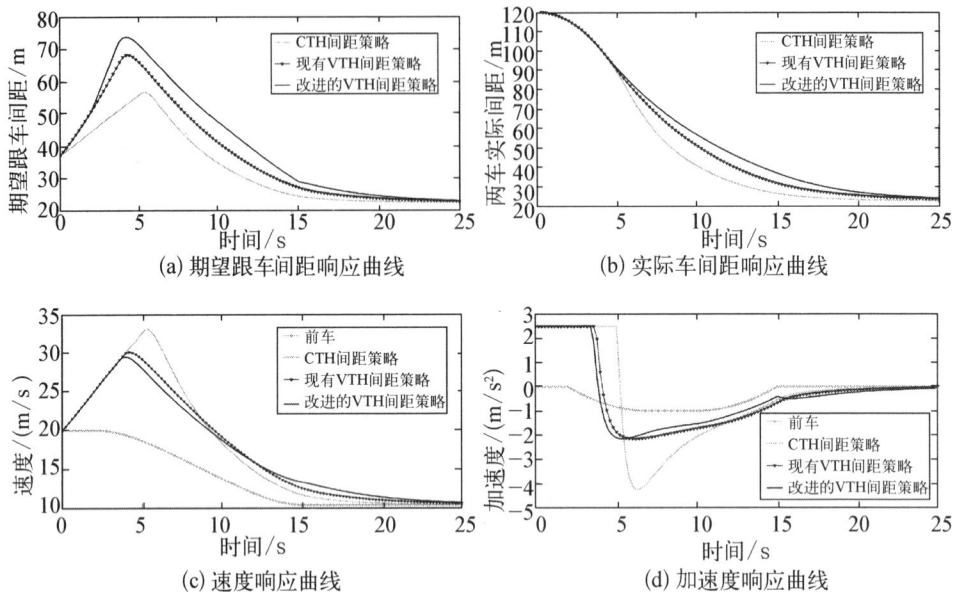

(a) 期望跟车间距响应曲线

(b) 实际车间距响应曲线

(c) 速度响应曲线

(d) 加速度响应曲线

图 2-4　远处接近前车场景下三种间距策略的仿真结果图

在该远处接近前车场景下,为了尽快靠近前车,三种间距策略对应的 ACC 系统车辆均在初始时刻采取了较大的加速度将车间距快速调整至期望值。在接近的过程中,伴随着前车的减速行驶,本章提出的 VTH 间距策略及时地感知了这一变化,在 $t=4\,\mathrm{s}$ 时就开始采取减速,避免了因持续加速而造成的安全隐患,而 CTH 策略和现有的 VTH 策略未能及时感知这一变化趋势,分别在 $t=5.4\,\mathrm{s}$ 和 $t=4.6\,\mathrm{s}$ 时才逐渐采取制动行为,因为响应的滞后,它们采取了比新策略更为剧烈的加速度响应。在整个接近的过程中,本章提出的间距策略在为 ACC 系统车辆提供期望车间距时及时地适应了前车的速度变化,这不仅提高了行驶的安全性,而且平滑了系统的动态响应。

场景 5:急刹车(hard brake)

该场景主要考察的是在两者相距较近时,前车突然猛烈刹车,本车能否采取有效的措施避免碰撞,因而该场景能反映间距策略的安全性。仿真初始间距为40 m,本车速度和前车速度均为 15 m/s,在 $t=5\,\mathrm{s}$ 时前车突然发生急刹车,在 PID 算法下,各间距策略对应的期望跟车间距、实际车间距响应、速度响应和加速度响应如图 2-5 所示。

由上面的仿真曲线可知,在急刹车场景下,CTH 策略和现有 VTH 策略对应的 ACC 系统车辆均与前车发生了碰撞(车间距小于 1 个车身长),如图 2-5(b)中的"×"标注所示。而改进后的 VTH 间距策略因为考虑了前车速度变化的趋势,

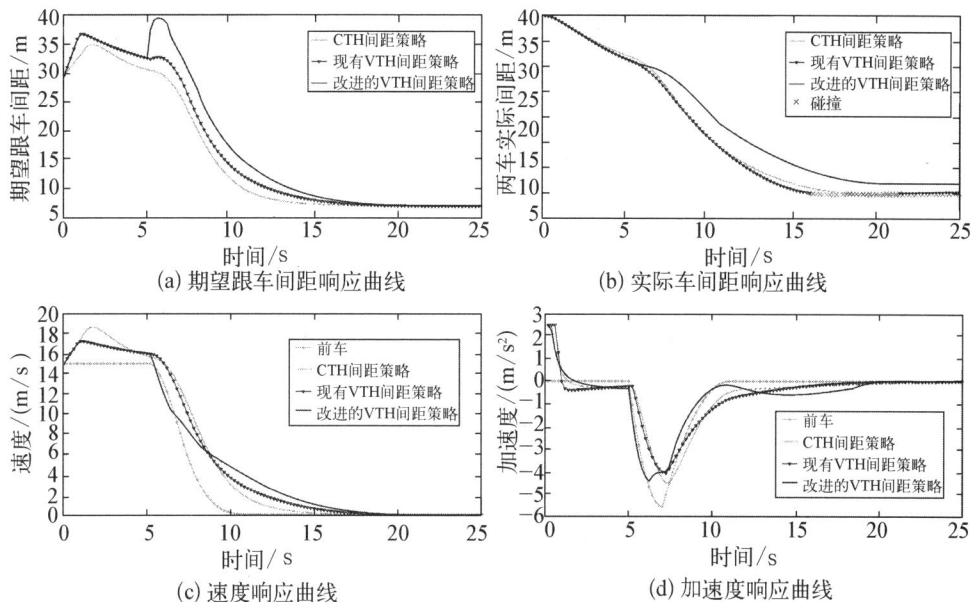

(a) 期望跟车间距响应曲线   (b) 实际车间距响应曲线

(c) 速度响应曲线   (d) 加速度响应曲线

图 2-5   急刹车场景下三种间距策略的仿真结果图

在前车刚开始急刹车时,立即通过增大期望跟车间距使 ACC 系统车辆及时地采取了制动,有效地避免了与前车的避撞,保证了行驶的安全性。安全性是间距策略最基本也是最重要的评价指标,因而在该急刹车场景下,本章提出的间距策略与 CTH 策略和现有的 VTH 策略相比,表现出了显著的优势,有效地避免了碰撞,提高了乘客的安全。

2.5   本 章 小 结

本章通过分析现有 ACC 系统间距策略的不足之处,在现有 VTH 策略的基础上进行改进,提出了考虑前车速度变化趋势的可变车头时距策略,并通过理论推导证明了该策略下间距误差的收敛稳定性。该策略不仅考虑了相对速度对期望车间距的影响,而且引入了对前车速度变化趋势的考虑,通过预测未来前车的速度扰动来提高间距策略的前瞻性以及抗干扰能力,并通过饱和函数的处理,使车头时距的取值更为合理。

为了验证该间距策略的有效性,本章以经典的 PID 算法作为 ACC 系统的上层控制策略,将 CTH 策略、现有 VTH 策略以及本章提出的间距策略进行了多个典型场景的仿真对比实验。仿真结果显示:本章提出的间距策略在为 ACC 系统控制提供期望跟车间距时，充分考虑了两车相对速度和前车速度扰动的影响，在前车发生剧烈减速时（如急刹车），通过增大期望跟车间距使 ACC 系统车辆能及时地避撞，改善了行驶的安全性；而在前车加速时，它在保证安全行驶的前提下，通过适当减小期望跟车间距，提高了跟车效率。因而即使在面对前车频繁变速的复杂场景下，该间距策略依旧能有效地平衡行驶过程中的安全性和跟车性，改善间距控制的动态性能，平滑系统的响应曲线。

3 基于 MPC 的多目标 ACC 系统上层控制算法研究

3.1 引　　言

车辆自适应巡航控制(ACC)系统的设计旨在减轻驾驶员精神负担,减少因驾驶员失误引起的交通事故,提高行驶安全性、乘坐舒适性,并改善交通流等。当道路前方无车辆时,ACC 系统车辆会按照一个事先设定的速度行驶,即传统的定速巡航模式;一旦车载传感器检测到前方有车辆时,ACC 系统通过调整车速,保证一个安全的跟车间距行驶。其中,车间距保持控制是 ACC 系统控制的难点,也是本章的研究重点。

如第 1 章所述,目前 ACC 系统的控制策略设计大多采用分层控制结构[7]。在间距策略计算出期望的跟车间距后,上层控制根据传感器检测到的行驶环境决定车辆的期望纵向加速度;下层算法则通过控制油门开度和刹车压力,使得车辆最终表现出来的加速度和上层得到的期望加速度一致。可见,上层控制算法在 ACC 系统中扮演着驾驶员的角色,其设计的好坏不仅决定了 ACC 系统车辆在行驶过程中的动态性能,而且影响了人们对 ACC 系统的满意程度。

现有的 ACC 系统上层控制设计在考虑行驶目标时大多只考虑安全性和跟车性,即在跟随前车的过程中不发生碰撞[8, 61, 74, 103]。然而,作为扮演驾驶员角色的 ACC 系统上层控制,乘坐舒适性和燃油经济性也是其重要的评价指标[8]。据 2008 年美国 National Highway Traffic Safety Administration (NHTSA)对车辆 ACC 系统的调查报告[104]指出,舒适性是驾驶员最关心的性能之一,因为舒适度得不到有效保证将直接导致乘客拒绝使用 ACC 系统。可见,ACC 系统的乘坐舒适度直接影响着人们对 ACC 系统的满意程度,决定了 ACC 系统在道路上的推广应用。燃油经济性,在石油资源日益减少以及全球变暖日益严重的今天,显得尤为重要。而中国在"十一五规划"及"十二五规划"中均明确指出,要加强工业的节能减排进度,促进资源节约型、环境友好型社会[105]。减少车辆 ACC 系统的油耗不仅可以为车主带来直接的经济效益,还可以有效增加能源利用率,减少车辆尾气排放。因此,提高乘坐舒适性和燃油经济性对车辆 ACC 系统具有重要的研究意义。

综上所述,新一代的车辆 ACC 系统,不仅要满足安全性和跟车性这两个基本目标,而且应致力于提高乘坐舒适性和燃油经济性,可以说是一个多目标优化控制问题。模型预测控制(MPC)突破了传统控制思想的束缚,采用预测模型、滚动优化、反馈校正等新的思路设计控制策略,使得控制效果和鲁棒性得到大大的提高,加上 MPC 能较好地兼顾多个控制目标和系统约束,保持系统的稳定和性能优化,因而非常适合 ACC 系统的控制算法设计,有利于满足行驶过程中的多个控制需求[55, 101, 106]。

为此,本章在 MPC 的框架基础上,设计了一个兼顾安全性、跟车性、舒适性和节油性的多目标 ACC 系统上层控制算法。首先建立了 ACC 系统的车间相互纵向运动学模型,不仅考虑了车间距和速度的动态特性,而且引入了对本车加速度和加速度变化率的描述,并考虑了前车加速度扰动的影响,得到了一个高阶 ACC 系统的上层控制模型。与传统的低阶模型相比,该模型提高了控制精度,能更真实地反映 ACC 系统本车与前车的相互纵向运动学特性,并有利于进行多目标控制设计。接着在 MPC 的框架下对多目标 ACC 系统的上层控制算法进行设计,通过对各个控制目标进行分析,将其转化为系统的约束和优化指标,最终将控制算法设计转化为一个带约束的在线二次规划问题,可利用 Matlab Optimization Toolbox 中的积极集法进行求解。最后,分别对该多目标 ACC 系统算法、PID 算法以及文献的MPC 算法[106](未考虑舒适度和油耗性)进行了多个典型场景的仿真比较,证明了该多目标 ACC 系统上层控制策略在满足安全性和跟车性的基础上,能显著改善乘坐舒适性和燃油经济性。

3.2　ACC 系统车间相互纵向运动学建模

在分层控制结构中,ACC 系统的上层控制扮演着驾驶员的角色,被控对象是ACC 系统车辆及前车之间的相互纵向运动学特性。传统的建模方式大多将车间距,相对速度作为状态变量得到二阶状态方程模型,不考虑前车加速度的扰动影响,并且忽略了 ACC 系统车辆自身的加速度和加速度变化率的动态特性[55, 56, 61],这不仅降低了模型的精度,而且限制了控制算法的设计。本节在对 ACC 系统车间相互纵向运动学特性进行建模时,将车间距、本车速度、相对速度、本车加速度、本车加速度变化率作为状态变量,将前车加速度作为 ACC 系统的扰动,得到了 ACC 系统上层纵向控制模型。相比于传统的二阶模型,该模型更加真实可靠地描述了ACC 系统的车间动态演化规律,有利于进行多目标 ACC 系统的控制策略设计。

如图 3-1 所示,车间纵向相对距离的控制品质一直以来都是 ACC 系统的重要评价指标:

$$\Delta x(k) = x_{\mathrm{p}}(k) - x(k) \tag{3-1}$$

$$\Delta x_{\mathrm{des}}(k) = \Delta x_0 + t_{\mathrm{h}} \cdot v(k) \tag{3-2}$$

$$\delta(k) = \Delta x(k) - \Delta x_{\mathrm{des}}(k) \tag{3-3}$$

式中，Δx 为两车实际车间距；x_{p} 为前车位置；x 为本车位置；Δx_{des} 表示期望的车间距；d_0 为最小固定车间距，一般包括一个车身长度以及车间最小距离；t_{h} 为车头时距值；δ 为实际车间距和期望值之间的间距误差。

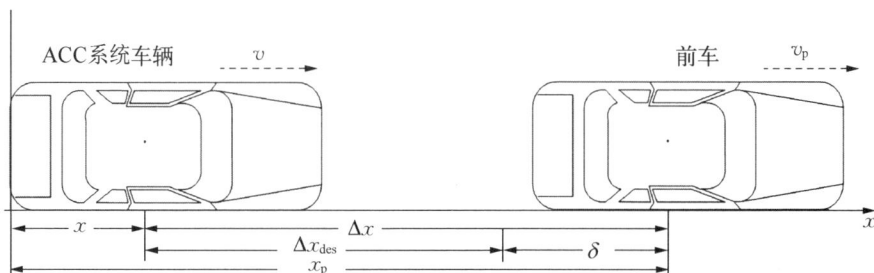

图 3-1　车辆 ACC 系统的纵向运动学示意图

利用离散差分原理得到 ACC 系统车辆的加速度、加速度的变化率：

$$a(k) = \frac{v(k) - v(k-1)}{T_{\mathrm{s}}} \tag{3-4}$$

$$j(k) = \frac{a(k) - a(k-1)}{T_{\mathrm{s}}} \tag{3-5}$$

式中，j 代表 ACC 系统车辆加速度的变化率，在文献中通常称为"jerk"[64]；T_{s} 为系统离散化的采样周期。

在设计 ACC 系统的上层控制时，由于有下层控制的基础，可以认为实际的车辆加速度和上层的期望加速度命令满足如下关系式[55, 64]：

$$a(k+1) = \left(1 - \frac{T_{\mathrm{s}}}{\tau}\right)a(k) + \frac{T_{\mathrm{s}}}{\tau}u(k) \tag{3-6}$$

$$u_{\min} \leqslant u(k) \leqslant u_{\max} \tag{3-7}$$

式中，τ 为下层控制的时间常数；u 为 ACC 系统车辆上层控制算法的期望加速度，即上层控制算法的控制输入。

根据 ACC 系统本车与前车之间的相互纵向运动学特性，可以得到如下关系式：

$$\Delta x(k+1) = \Delta x(k) + v_{\text{rel}}(k)T_s + \frac{1}{2}a_p(k)T_s^2 - \frac{1}{2}a(k)T_s^2 \quad (3-8)$$

$$v_{\text{rel}}(k+1) = v_{\text{rel}}(k) + a_p(k)T_s - a(k)T_s \quad (3-9)$$

$$v(k+1) = v(k) + a(k)T_s \quad (3-10)$$

$$a(k+1) = \left(1 - \frac{T_s}{\tau}\right)a(k) + \frac{T_s}{\tau}u(k) \quad (3-11)$$

$$j(k+1) = -\frac{1}{\tau}a(k) + \frac{1}{\tau}u(k) \quad (3-12)$$

选取车间距误差、相对速度、本车速度、本车加速度、jerk 作为 ACC 系统的状态变量：

$$\boldsymbol{x}(k) = \left[\Delta x(k),\ v(k),\ v_{\text{rel}}(k),\ a(k),\ j(k)\right]^{\text{T}} \quad (3-13)$$

将前车加速度视作 ACC 系统的扰动，并根据式(3-8)～式(3-12)，得到如下 ACC 系统的车间相互纵向运动学状态方程模型：

$$\boldsymbol{x}(k+1) = \boldsymbol{A}\boldsymbol{x}(k) + \boldsymbol{B}u(k) + \boldsymbol{G}w(k) \quad (3-14)$$

式中

$$\boldsymbol{A} = \begin{bmatrix} 1 & 0 & T_s & -\dfrac{1}{2}T_s^2 & 0 \\ 0 & 1 & 0 & T_s & 0 \\ 0 & 0 & 1 & -T_s & 0 \\ 0 & 0 & 0 & 1-\dfrac{T_s}{\tau} & 1 \\ 0 & 0 & 0 & -\dfrac{1}{\tau} & 0 \end{bmatrix}, \boldsymbol{B} = \begin{bmatrix} 0 \\ 0 \\ 0 \\ \dfrac{T_s}{\tau} \\ \dfrac{1}{\tau} \end{bmatrix}, \boldsymbol{G} = \begin{bmatrix} \dfrac{1}{2}T_s^2 \\ 0 \\ T_s \\ 0 \\ 0 \end{bmatrix}$$

式(3-14)即为 ACC 系统的纵向运动学控制模型。相比于传统的二阶模型，该模型考虑了前车的加速度干扰，更加真实全面地再现了整个系统的动态演化规律。此外，通过对 ACC 系统车辆的加速度和 jerk 的描述，提高了模型的精度和可靠性，有利于 ACC 系统上层算法的多目标控制需求设计。

3.3　ACC 系统上层控制算法研究

在 ACC 系统的多目标上层控制中,控制的目的是使 ACC 系统车辆在跟随前车的过程中满足安全性、舒适性以及燃油经济性。为了实现这些控制目的,本节在 3.2 节建立的 ACC 系统上层控制模型的基础上,分别对各行驶目的进行分析建模,将其转化为相应的系统约束和性能指标,在 MPC 的框架下设计 ACC 系统的上层控制率。

3.3.1　控制目的分析

首先,无论采用何种控制算法,安全性是车辆 ACC 系统最基本也是最重要的控制目的。虽然我们可以通过间距策略保证一个安全的期望跟车间距,但是这个期望值是 ACC 系统间距控制的终态目标,很有可能在达到这个目标之前,两车就已经发生碰撞。因此,为了保证 ACC 系统车辆在整个行驶过程中的安全性,必须对实际车间距进行严格约束:

$$约束条件: x_p(k) - x(k) \geqslant d_c \qquad (3-15)$$

式中,d_c 表示最小安全间距,通常包括一个车身长以及一个固定的距离值。

其次,ACC 系统的最终目的是使两车实际车间距趋近于间距策略计算出的期望跟车间距,本车速度趋近于前车速度,即两车处于相对静止的状态,这也正是驾驶员的跟车心理:

$$目的: \delta(k) \to 0 \quad v_{rel}(k) \to 0 \quad 当 k \to \infty \qquad (3-16)$$

关于舒适性,Kyongsu 等人[107]通过对大量驾驶员的调查分析,得出结论:在车辆的行驶过程中,乘坐舒适度可用行驶加速度和加速度变化率 jerk 来表征,加速度和 jerk 的绝对值越小,乘坐的舒适度就越高;而 Martinez 也在文献[64]中指出 jerk 是评估舒适度的重要指标。因此,为提高 ACC 系统的舒适性,本章对行驶过程中的加速度以及加速度变化率 jerk 的绝对值进行优化:

$$目的: \begin{cases} \min | a(k) | \\ \min | j(k) | \end{cases} \qquad (3-17)$$

综上,选取间距误差、相对速度、加速度以及加速度变化率组成优化性能指标向量

$$\boldsymbol{y}(k) = \boldsymbol{C}\boldsymbol{x}(k) - \boldsymbol{Z} \tag{3-18}$$

式中，

$$\boldsymbol{y}(k) = \big[\delta(k),\, v_{\text{rel}}(k),\, a(k),\, j(k)\big]^{\text{T}},$$

$$\boldsymbol{C} = \begin{bmatrix} 1 & -t_{\text{h}} & 0 & 0 & 0 \\ 0 & 0 & 1 & 0 & 0 \\ 0 & 0 & 0 & 1 & 0 \\ 0 & 0 & 0 & 0 & 1 \end{bmatrix}, \boldsymbol{Z} = \begin{bmatrix} \Delta x_0 \\ 0 \\ 0 \\ 0 \end{bmatrix}$$

在行驶过程中，ACC 系统的动态响应曲线越平滑，就越有利于燃油经济性的提高。因此在对上述性能指标进行优化时，引入相应的参考轨迹，使待优化变量沿着平滑的参考轨迹逐渐趋近于最优值，从而平滑响应曲线，减少行驶过程中的油耗量。在本节中，选取指数衰减函数作为参考轨迹的形式，以间距误差为例：

$$\begin{aligned} \delta_{\text{ref}}(k+i) &= \delta(k) + \big[\delta_{\text{des}}(k) - \delta(k)\big]\Big[1 - \text{e}^{\frac{-iT_s}{\alpha_\delta}}\Big] \\ &= \delta(k) + \big[0 - \delta(k)\big]\Big[1 - \text{e}^{\frac{-iT_s}{\alpha_\delta}}\Big] \\ &= \rho_\delta^i \delta(k) \end{aligned} \tag{3-19}$$

式中，

$$\rho_\delta = \text{e}^{\frac{-T_s}{\alpha_\delta}} \,(0 < \rho_\delta < 1)$$

式中，δ_{ref} 代表间距误差的参考轨迹；α_δ 为间距误差参考轨迹的时间常数；ρ_δ 值越小，参考轨迹收敛于稳定值的响应速度就越慢，但闭环系统的鲁棒性越好。

同理，可以得到待优化变量——相对速度、加速度和 jerk 的参考轨迹。

$$v_{\text{rel\_ref}}(k+i) = v_{\text{rel}}(k) + \big[0 - v_{\text{rel}}(k)\big]\Big[1 - \text{e}^{\frac{-iT_s}{\alpha_v}}\Big] = \rho_v^i v_{\text{rel}}(k) \quad (3-20)$$

$$a_{\text{ref}}(k+i) = a(k) + \big[0 - a(k)\big]\Big[1 - \text{e}^{\frac{-iT_s}{\alpha_a}}\Big] = \rho_a^i a(k) \tag{3-21}$$

$$j_{\text{ref}}(k+i) = j(k) + \big[0 - j(k)\big]\Big[1 - \text{e}^{\frac{-iT_s}{\alpha_j}}\Big] = \rho_j^i j(k) \tag{3-22}$$

$$\rho_v = \text{e}^{\frac{-T_s}{\alpha_v}}\,(0 < \rho_v < 1),\; \rho_a = \text{e}^{\frac{-T_s}{\alpha_a}}\,(0 < \rho_a < 1),\; \rho_j = \text{e}^{\frac{-T_s}{\alpha_j}}\,(0 < \rho_j < 1)$$

式中，$v_{\text{rel\_ref}}$，a_{ref} 和 j_{ref} 分别对应于相对速度、加速度和加速度变化率的参考轨迹；α_v，α_a 和 α_j 是其对应参考轨迹的时间常数。

用向量表示为

$$\boldsymbol{y}_{\mathrm{ref}}(k+i)=\boldsymbol{\varphi}^{i}\boldsymbol{y}(k) \tag{3-23}$$

$$\boldsymbol{\varphi}=\begin{bmatrix}\rho_{\delta} & 0 & 0 & 0 \\ 0 & \rho_{v} & 0 & 0 \\ 0 & 0 & \rho_{a} & 0 \\ 0 & 0 & 0 & \rho_{j}\end{bmatrix}$$

式中，$\boldsymbol{y}_{\mathrm{ref}}$ 表示性能指标向量 $\boldsymbol{y}$ 的参考轨迹。

此外，考虑到车辆自身的能力限制，需要对本车的速度、加速度、加速度变化率以及控制变量进行如下约束：

$$\text{约束条件：} v_{\min} \leqslant v(k) \leqslant v_{\max} \tag{3-24}$$

$$a_{\min} \leqslant a(k) \leqslant a_{\max} \tag{3-25}$$

$$\mathrm{j}_{min} \leqslant \mathrm{j}(\mathrm{k}) \leqslant \mathrm{j}_{max} \tag{3-26}$$

$$u_{\min} \leqslant u(k) \leqslant u_{\max} \tag{3-27}$$

综上，本节对 ACC 系统的安全性、跟车性、舒适性、燃油经济性以及车辆自身能力限制等进行了分析，分别将其转化为相应的优化目标和系统约束。接下来在模型预测控制的框架下，设计 ACC 系统的上层控制算法。

3.3.2　基于 MPC 的多目标控制算法设计

模型预测控制（MPC）是在 20 世纪 70 年代后期提出的一种新型计算机控制算法。MPC 的基本原理总结为：在系统采样的每一个时刻根据预测模型对未来的行为进行预测，通过对未来时刻的性能指标进行优化，并根据实测对象输出进行反馈校正，修正预测模型，最终将控制策略设计转化为一个在线的优化过程，通过求解相应的优化命题得到控制序列并将第一个控制量作用于系统，再将预测时域向前推进一步，不断重复该过程。

将 3.2 节建立的 ACC 车间相互纵向运动学模型作为预测模型，对 ACC 系统的未来行为进行如下预测：

$$\hat{\boldsymbol{X}}_{\mathrm{p}}(k+p\mid k)=\overline{\boldsymbol{A}}\boldsymbol{x}(k)+\overline{\boldsymbol{B}}\boldsymbol{U}(k+m)+\overline{\boldsymbol{G}}\boldsymbol{W}(k+p)+\overline{\boldsymbol{H}}\boldsymbol{e}_{x}(k) \tag{3-28}$$

$$\hat{\boldsymbol{Y}}_{\mathrm{p}}(k+p\mid k)=\overline{\boldsymbol{C}}\boldsymbol{x}(k)+\overline{\boldsymbol{D}}\boldsymbol{U}(k+m)+\overline{\boldsymbol{E}}\boldsymbol{W}(k+p)+\overline{\boldsymbol{F}}\boldsymbol{e}_{x}(k)-\overline{\boldsymbol{Z}}$$

$$\tag{3-29}$$

其中：

$$\hat{\boldsymbol{X}}_{\mathrm{p}}(k+p \mid k) = \begin{bmatrix} \hat{\boldsymbol{x}}_{\mathrm{p}}(k+1 \mid k) \\ \hat{\boldsymbol{x}}_{\mathrm{p}}(k+2 \mid k) \\ \vdots \\ \hat{\boldsymbol{x}}_{\mathrm{p}}(k+p \mid k) \end{bmatrix}, \hat{\boldsymbol{Y}}_{\mathrm{p}}(k+p \mid k) = \begin{bmatrix} \hat{\boldsymbol{y}}_{\mathrm{p}}(k+1 \mid k) \\ \hat{\boldsymbol{y}}_{\mathrm{p}}(k+2 \mid k) \\ \vdots \\ \hat{\boldsymbol{y}}_{\mathrm{p}}(k+p \mid k) \end{bmatrix},$$

$$\boldsymbol{U}(k+m) = \begin{bmatrix} u(k) \\ u(k+1) \\ \vdots \\ u(k+m-1) \end{bmatrix}$$

$$\boldsymbol{W}(k+p) = \begin{bmatrix} w(k) \\ w(k+1) \\ \vdots \\ w(k+p-1) \end{bmatrix}, \boldsymbol{e}_x(k) = x(k) - \hat{\boldsymbol{x}}_{\mathrm{m}}(k \mid k-1)$$

式中，p 为预测时域；m 为控制时域；控制序列 $u(k), u(k+1), u(k+2), \cdots, u(k+m-1)$ 为待求解控制变量；$\hat{\boldsymbol{x}}_{\mathrm{m}}(k \mid k-1)$ 为在第 $k-1$ 个采样时刻对 k 时刻系统状态的预测；e_x 为实际检测到的状态向量与预测值的误差；预测矩阵 $\bar{\boldsymbol{A}}, \bar{\boldsymbol{B}}, \bar{\boldsymbol{G}}, \bar{\boldsymbol{H}}, \bar{\boldsymbol{C}}, \bar{\boldsymbol{D}}, \bar{\boldsymbol{E}}, \bar{\boldsymbol{F}}, \bar{\boldsymbol{Z}}$ 如下所示：

$$\bar{\boldsymbol{A}} = \begin{bmatrix} \boldsymbol{A} \\ \boldsymbol{A}^2 \\ \vdots \\ \boldsymbol{A}^{p-1} \end{bmatrix}, \bar{\boldsymbol{B}} = \begin{bmatrix} \boldsymbol{B} & \boldsymbol{0} & \cdots & \boldsymbol{0} \\ \boldsymbol{AB} & \boldsymbol{B} & \cdots & \vdots \\ \cdots & \cdots & \vdots & \boldsymbol{0} \\ \boldsymbol{A}^{p-1}\boldsymbol{B} & \boldsymbol{A}^{p-2}\boldsymbol{B} & \cdots & \sum_{l=0}^{p-m}\boldsymbol{A}^l\boldsymbol{B} \end{bmatrix}, \bar{\boldsymbol{G}} = \begin{bmatrix} \boldsymbol{G} & \boldsymbol{0} & \cdots & \boldsymbol{0} \\ \boldsymbol{AG} & \boldsymbol{G} & \cdots & \vdots \\ \vdots & \vdots & \vdots & \boldsymbol{0} \\ \boldsymbol{A}^{p-1}\boldsymbol{G} & \boldsymbol{A}^{p-2}\boldsymbol{G} & \cdots & \boldsymbol{G} \end{bmatrix},$$

$$\bar{\boldsymbol{H}} = \begin{bmatrix} \boldsymbol{H}_1 \\ \boldsymbol{H}_2 \\ \vdots \\ \boldsymbol{H}_p \end{bmatrix}, \bar{\boldsymbol{C}} = \begin{bmatrix} \boldsymbol{CA} \\ \boldsymbol{CA}^2 \\ \vdots \\ \boldsymbol{CA}^{p-1} \end{bmatrix}, \bar{\boldsymbol{D}} = \begin{bmatrix} \boldsymbol{CB} & \boldsymbol{0} & \cdots & \boldsymbol{0} \\ \boldsymbol{CAB} & \boldsymbol{CB} & \cdots & \vdots \\ \vdots & \vdots & \vdots & \boldsymbol{0} \\ \boldsymbol{CA}^{p-1}\boldsymbol{B} & \boldsymbol{CA}^{p-2}\boldsymbol{B} & \cdots & \sum_{l=0}^{p-m}\boldsymbol{CA}^l\boldsymbol{B} \end{bmatrix},$$

$$\bar{\boldsymbol{E}} = \begin{bmatrix} \boldsymbol{CG} & \boldsymbol{0} & \cdots & \boldsymbol{0} \\ \boldsymbol{CAG} & \boldsymbol{CG} & \cdots & \vdots \\ \vdots & \vdots & \vdots & \boldsymbol{0} \\ \boldsymbol{CA}^{p-1}\boldsymbol{G} & \boldsymbol{CA}^{p-2}\boldsymbol{G} & \cdots & \boldsymbol{CG} \end{bmatrix}, \bar{\boldsymbol{F}} = \begin{bmatrix} \boldsymbol{CH}_1 \\ \boldsymbol{CH}_2 \\ \vdots \\ \boldsymbol{CH}_p \end{bmatrix}, \bar{\boldsymbol{Z}} = \begin{bmatrix} \boldsymbol{Z} \\ \boldsymbol{Z} \\ \vdots \\ \boldsymbol{Z} \end{bmatrix}$$

从式(3-28)和式(3-29)可知,在对 ACC 系统未来状态进行预测的过程中,还需对扰动向量,即前车加速度,在未来时刻的取值进行预测。在第 k 个采样时刻,一般无法得知当前时刻的前车加速度,但前一个时刻的值却可以通过测得的相对速度及本车加速度计算得到,因此我们可以假设 k 时刻的前车加速度和上一个时刻的值相等,并假设它在未来整个预测时域内保持不变,从而得到对扰动向量的估计:

$$\hat{w}(k-1 \mid k) = \frac{v_{\text{rel}}(k) - v_{\text{rel}}(k-1)}{T_{\text{s}}} + a(k-1) \tag{3-30}$$

$$w(k) = \hat{w}(k-1 \mid k) \tag{3-31}$$

$$w(k+i) = w(k), \, i = 1, \cdots, p-1 \tag{3-32}$$

$$W(k+p) = \begin{bmatrix} \hat{w}(k-1 \mid k) \\ \hat{w}(k-1 \mid k) \\ \vdots \\ \hat{w}(k-1 \mid k) \end{bmatrix} \tag{3-33}$$

在 MPC 的框架下,将车辆 ACC 系统行驶过程中需要优化的多个性能指标以加权的方式写成如下的值函数:

$$J = \sum_{i=1}^{p} \left[\hat{\boldsymbol{y}}_{\text{p}}(k+i \mid k) - \boldsymbol{y}_{\text{r}}(k+i) \right]^{\text{T}} \boldsymbol{Q} \left[\hat{\boldsymbol{y}}_{\text{p}}(k+i \mid k) - \boldsymbol{y}_{\text{r}}(k+i) \right] +$$
$$\sum_{i=0}^{m-1} \boldsymbol{u}(k+i)^{\text{T}} \boldsymbol{R} u(k+i) \tag{3-34}$$

式中,$\boldsymbol{Q}$ 和 $\boldsymbol{R}$ 为权系数,$\boldsymbol{Q} = \text{diag}(q_{\delta}, q_{\text{v}}, q_{\text{a}}, q_{\text{j}})$;$\boldsymbol{u}$ 为控制向量矩阵。

对应的系统约束整理如下:

$$\begin{cases} \Delta x(k) \geqslant d_{\text{c}} \\ v_{\min} \leqslant v(k) \leqslant v_{\max} \\ a_{\min} \leqslant a(k) \leqslant a_{\max} \\ j_{\min} \leqslant j(k) \leqslant j_{\max} \\ u_{\min} \leqslant u(k) \leqslant u_{\max} \end{cases} \tag{3-35}$$

将式(3-29)代入式(3-34),忽略与控制量无关的项得到:

$$J = 2\{\boldsymbol{x}^{\text{T}}(k)[\overline{\boldsymbol{C}}^{\text{T}} - \boldsymbol{C}^{\text{T}} \overline{\boldsymbol{\Phi}}^{\text{T}}] \overline{\boldsymbol{Q}} \overline{\boldsymbol{D}} + W(k+p)^{\text{T}} \overline{\boldsymbol{E}}^{\text{T}} \overline{\boldsymbol{Q}} \overline{\boldsymbol{D}} -$$

$$(\bar{Z}^{T} - \bar{Z}^{T}\bar{\Phi}^{T})\bar{Q}\bar{D} + e_{x}(k)^{T}\bar{F}^{T}\bar{Q}\bar{D}\}U(k+m) +$$

$$U(k+m)^{T}(\bar{R} + \bar{D}^{T}\bar{Q}\bar{D})U(k+m) \tag{3-36}$$

其中:

$$\bar{Q} = \begin{bmatrix} Q & \cdots & 0 \\ \vdots & \vdots & \vdots \\ 0 & \cdots & Q \end{bmatrix}, \bar{R} = \begin{bmatrix} R & \cdots & 0 \\ \vdots & \vdots & \vdots \\ 0 & \cdots & R \end{bmatrix}, \bar{\Phi} = \begin{bmatrix} \varphi^{1} \\ \varphi^{2} \\ \vdots \\ \varphi^{p} \end{bmatrix}$$

把式(3-29)代入(3-35),得到

$$\begin{cases} \bar{M} \leqslant \bar{L}\hat{X}_{p}(k+p) \leqslant \bar{N} \\ U(k+m) \leqslant U_{\max} \\ -U(k+m) \leqslant -U_{\min} \end{cases} \tag{3-37}$$

其中,

$$M = \begin{bmatrix} d_{c} \\ v_{\min} \\ a_{\min} \\ j_{\min} \end{bmatrix}, N = \begin{bmatrix} Inf \\ v_{\max} \\ a_{\max} \\ j_{\max} \end{bmatrix}, L = \begin{bmatrix} 1 & 0 & 0 & 0 & 0 \\ 0 & 1 & 0 & 0 & 0 \\ 0 & 0 & 0 & 1 & 0 \\ 0 & 0 & 0 & 0 & 1 \end{bmatrix}, \bar{M} = \begin{bmatrix} M \\ M \\ \vdots \\ M \end{bmatrix},$$

$$\bar{N} = \begin{bmatrix} N \\ N \\ \vdots \\ N \end{bmatrix}, \bar{L} = \begin{bmatrix} L & & & \\ & L & & \\ & & \ddots & \\ & & & L \end{bmatrix}, U_{\max} = \begin{bmatrix} u_{\max} \\ \vdots \\ u_{\max} \end{bmatrix}, U_{\min} = \begin{bmatrix} u_{\min} \\ \vdots \\ u_{\min} \end{bmatrix}$$

式中 Inf 表征无穷大,说明车间距无上限。

整理式(3-37),得到多目标 ACC 系统上层控制的矩阵约束形式:

$$\Omega U(k+m) \leqslant T \tag{3-38}$$

其中:

$$\Omega = \begin{bmatrix} \bar{L}\bar{B} \\ -\bar{L}\bar{B} \\ I \\ -I \end{bmatrix}, T = \begin{bmatrix} \bar{N} - \bar{L}\bar{G}W(k+p) - \bar{L}\bar{A}x(k) - \bar{L}\bar{H}e_{x}(k) \\ -\bar{M} + \bar{L}\bar{G}W(k+p) + \bar{L}\bar{A}x(k) + \bar{L}\bar{H}e_{x}(k) \\ U_{\max} \\ -U_{\min} \end{bmatrix}$$

因此,在 MPC 的框架下,多目标 ACC 系统的上层控制算法设计最终转化为如下形式的带约束在线二次优化问题,可通过 Matlab Optimization Toolbox 中的二次规划求解器——积极集法进行求解[86]。

$$\min_{U(k+m)} \left\{ U(k+m)^{\mathrm{T}} \boldsymbol{K_1} U(k+m) + 2\boldsymbol{K_2} U(k+m) \right\} \qquad (3-39)$$

s. t.

$$\boldsymbol{\Omega} U(k+m) \leqslant \boldsymbol{T} \qquad (3-40)$$

在每一个采样时刻,ACC 系统通过车载传感器检测得到当前的行驶环境信息,首先对未来状态进行预测并进行反馈校正,然后通过在线优化相应的多目标性能指标,求取对应的数学规划得到控制序列,并将第一个值施加于控制系统,接着在下一个采样时刻重复该操作。

综上,本节在 MPC 的框架下设计了一个兼顾安全性、跟车性、舒适性和燃油经济性的多目标 ACC 系统上层控制算法。

3.4 仿 真 分 析

为了验证 ACC 系统的上层控制算法,本节在进行仿真实验时,假设下层控制策略已经设计良好(well_designed)。分别对多目标 MPC 上层控制算法(下文简写为 ACC_MultiobjMPC)、PID 算法(下文简写为 ACC_PID)以及未考虑舒适度和油耗性的 MPC 算法(下文简写为 ACC_MPC)进行了 5 个典型场景的仿真实验:① 跟车(car following);② 换道插入(cut in);③ 换道离开(cut out);④ 接近(approaching);⑤ 急刹车(hard brake),每个场景的仿真初始条件同第 2 章。针对每个交通场景,分别从 ACC 系统车辆行驶过程中的安全性、跟车性、舒适性和燃油经济性对算法进行评估,具体方法为:通过判断行驶过程中 ACC 系统车辆能否有效避撞来衡量安全性;通过分析速度、车间距的调整及其跟踪性能来评价 ACC 系统的跟车性;选取最能反映乘坐舒适度指标的 jerk,通过统计 jerk 的绝对值在整个行驶过程中的平均值来评估 ACC 系统算法的乘坐舒适度;通过收集仿真行驶数据,利用美国加利福尼亚大学开发的**车辆排放模型(comprehensive modal emissions model, CMEM)**[108]来计算行驶过程中的油耗量,如图 3 - 2 所示。

在仿真实验中,假设道路平直,多目标 ACC 系统上层控制策略的控制参数分别取为:$T_s = 0.2$ s,$\tau = 0.5$ s,$d_0 = 7$ m,$d_c = 5$ m,$p = 16$,$m = 5$,$\rho_\delta = \rho_v = \rho_a = \rho_j = 0.94$,$R = 1$,$\boldsymbol{Q} = \mathrm{diag}(1,1,1,1)$,$v_{\min} = 0$ m/s,$v_{\max} = 40$ m/s,$a_{\min} = -5.5$ m/s²,

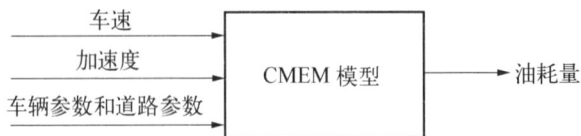

图 3 - 2　CMEM 模型表示

$a_{max}=2.5$ m/s^2，$j_{min}=-2$m/s^3，$j_{max}=2$ m/s^3，$u_{min}=-5.5$ m/s^2，$u_{max}=2.5$ m/s^2。

场景 1：跟车(car following)

　　跟车场景是现实生活中最为常见的一种交通场景，对应的 ACC_PID，ACC_MPC 和 ACC_MultiobjMPC 三种控制算法的响应曲线如图 3 - 3 所示，各算法对应的 ACC 系统车辆在行驶过程中的 jerk 绝对值的平均值(舒适度指标)、油耗量如表 3 - 1 所示。

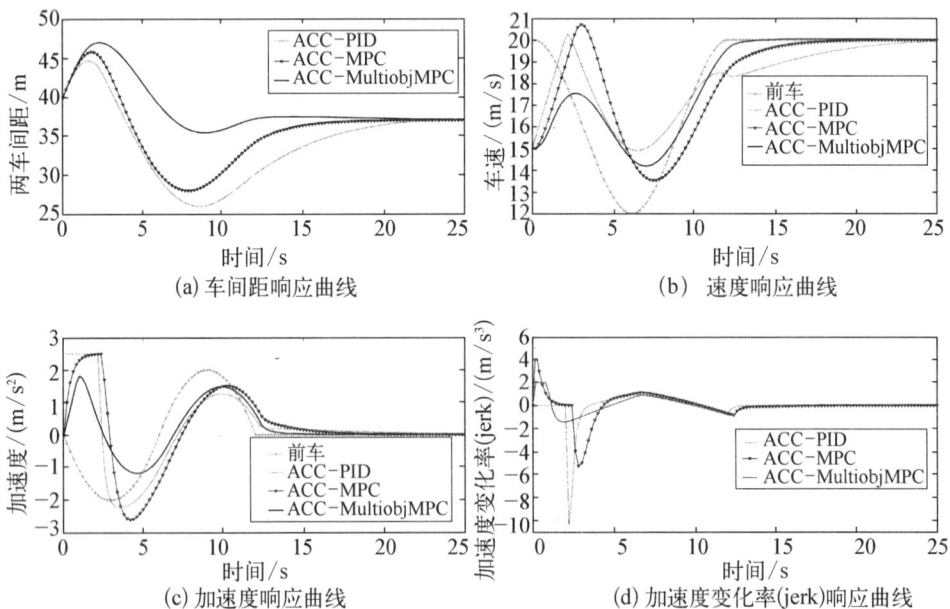

(a) 车间距响应曲线

(b) 速度响应曲线

(c) 加速度响应曲线

(d) 加速度变化率(jerk)响应曲线

图 3 - 3　跟车场景下 ACC_PID，ACC_MPC，ACC_MultiobjMPC 控制算法的仿真曲线

　　从图 3 - 3(a)的仿真结果可知，在跟车场景下，三种 ACC 上层控制算法在行驶过程中均未与前车发生碰撞(车间距始终大于一个车身长度)，保证了行驶的安全性。伴随着前车速度的不断改变(先减速后加速)，ACC 系统车辆不断调整自身车速来适应前车的速度变化。然而，面对前车的频繁变速，PID 算法和普通的 MPC 算法采取了较为剧烈的加速度响应来跟随前车，其 jerk 的幅值分别达到了

10.37 m/s^3 和 5.23 m/s^3[见图 3-3(d)],而普通乘客能接受 jerk 的最大绝对值为 2 m/s^3,一旦超出改值,乘客将有明显的不适[64],因而这两种算法都极大地影响了乘坐舒适度。而在本章提出的多目标 MPC 控制算法中,ACC 系统车辆始终采取了较为平滑的加速度响应来跟随前车的速度变化,对应的 jerk 绝对值始终小于 2 m/s^3。如表 3-1 所示,相比于 PID 算法和普通 MPC 算法,多目标 MPC 算法在舒适度和油耗性能上都有不同程度的提高。综上,在跟车场景下,面对前车频繁的变速行为,多目标 MPC 算法在保证安全性和跟车性的基础上,有效地平滑了系统的动态响应,改善了乘坐舒适度和燃油经济性。

表 3-1　跟车场景下 ACC_PID,ACC_MPC,ACC_MultiobjMPC
控制算法的舒适度指标及油耗量

	ACC_PID	ACC_MPC	ACC_MultiobjMPC
jerk 绝对值的平均值/(m/s^3)	0.331	0.339 (−2.42%)	0.306 (7.55%)
油耗量/g	62.254	60.395 (2.99%)	57.716 (7.29%)

注:(1) 表格中对舒适度指标和油耗量的统计时间段是从仿真初始时刻开始,到 ACC 系统进入稳态为止;(2) 括号中的数据是以 ACC_PID 算法(第一列数据)为基准,相应算法在各指标上的改善幅度(%),因而正数代表性能的改善,负数代表性能的衰退。

场景 2:换道插入(cut in)

该场景模拟的是在 ACC 系统车辆行驶过程中,邻近车道的前车突然发生换道,插入到本车的前方。三种 ACC 系统上层控制算法的仿真结果如图 3-4 所示,各算法的 ACC 系统车辆在行驶过程中的 jerk 绝对值的平均值和油耗量如表 3-2 所示。

如图 3-4 所示,初始时刻 ACC 系统车辆正处于跟车行驶状态。在 $t=5 \text{ s}$ 时,邻近车道的车辆发生换道插入,此时三种 ACC 系统控制算法均采取了不同程度的减速行为进行避撞,保证了行驶的安全性。然而在这个过程中,PID 算法先以 -5.5 m/s^2 的减速度进行剧烈减速,紧接着又采取大幅加速来紧跟前车,这不仅降低了燃油经济性,而且直接导致了反映舒适度指标的 jerk 达到了 10.89 m/s^3 的幅值,降低了乘坐舒适度。相比于 PID 算法,ACC_MPC 的加速度响应虽然有改善,但行驶过程中的 jerk 值也达到了 9.48 m/s^3 的幅值。而多目标 MPC 算法通过对未来时刻多个行驶目标的有效优化,很好地平衡了由换道插入造成的剧烈加减速行为,平滑了系统的动态响应[见图 3-4(c)],且对应的 jerk 绝对值也始终保持在乘客的感知界限——2 m/s^3 之内。根据表 3-2 对各算法在舒适度指标和油耗的统计结果,可以看出:相比于 PID 算法,ACC_MPC 算法减少油耗约 8.33%,乘坐舒适度指标改善了 4.8%,而多目标 MPC 算法在整个行驶过程中,不仅油耗减少了18.46%,而且行驶过程中的舒适度指标改善了54.73%。可见,在换道插入场景下,基于预测控制的多目标ACC系统算法显著改善了系统的动态响应。

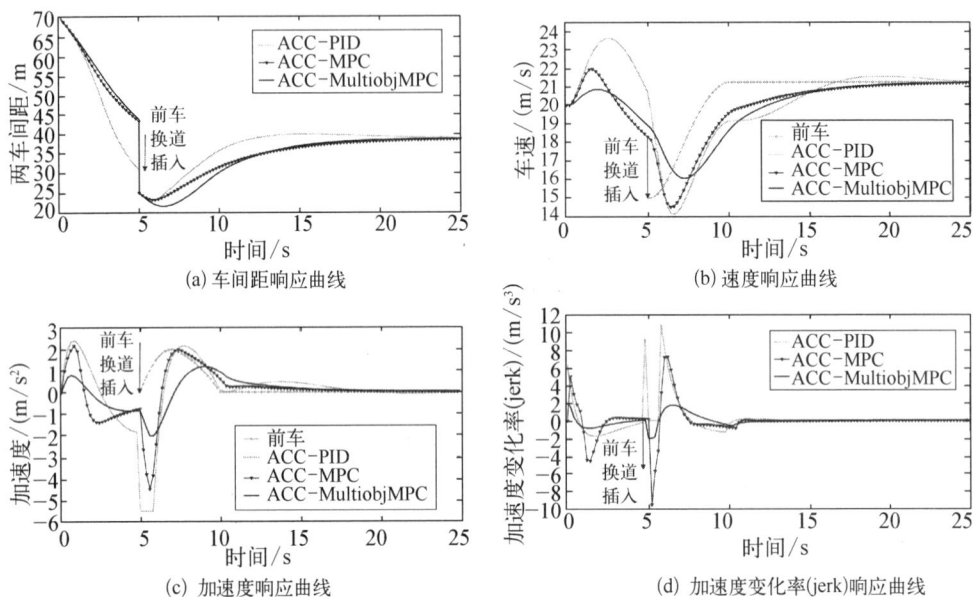

(a) 车间距响应曲线

(b) 速度响应曲线

(c) 加速度响应曲线

(d) 加速度变化率(jerk)响应曲线

图3-4　换道插入场景下 ACC_PID,ACC_MPC,ACC_MultiobjMPC 控制算法的仿真曲线

表3-2　换道插入场景下 ACC_PID,ACC_MPC,ACC_MultiobjMPC 控制算法的舒适度指标及油耗量

	ACC_PID	ACC_MPC	ACC_MultiobjMPC
jerk 绝对值的平均值/(m/s³)	0.645	0.614 (4.8%)	0.292 (54.73%)
油耗量/g	72.245	66.228 (8.33%)	58.907 (18.46%)

注:(1) 表格中对舒适度指标和油耗量的统计时间段是从仿真初始时刻开始,到ACC系统进入稳态为止;(2) 括号中的数据是以ACC_PID算法(第一列数据)为基准,相应算法在各指标上的改善幅度(%),因而正数代表性能的改善,负数代表性能的衰退。

场景3:换道离开(cut out)

在该仿真场景下,ACC_PID、ACC_MPC 和 ACC_MultiobjMPC 算法的仿真结果如图3-5所示,各算法的 ACC 系统车辆在行驶过程中的 jerk 绝对值的平均值和油耗量如表3-3所示。

由图3-5可以看出,初始时刻ACC系统车辆正处于匀速行驶的稳定跟车状态,然而 $t=5$ s 时前车突然换道离开,导致ACC系统车载传感器检测到的前车变

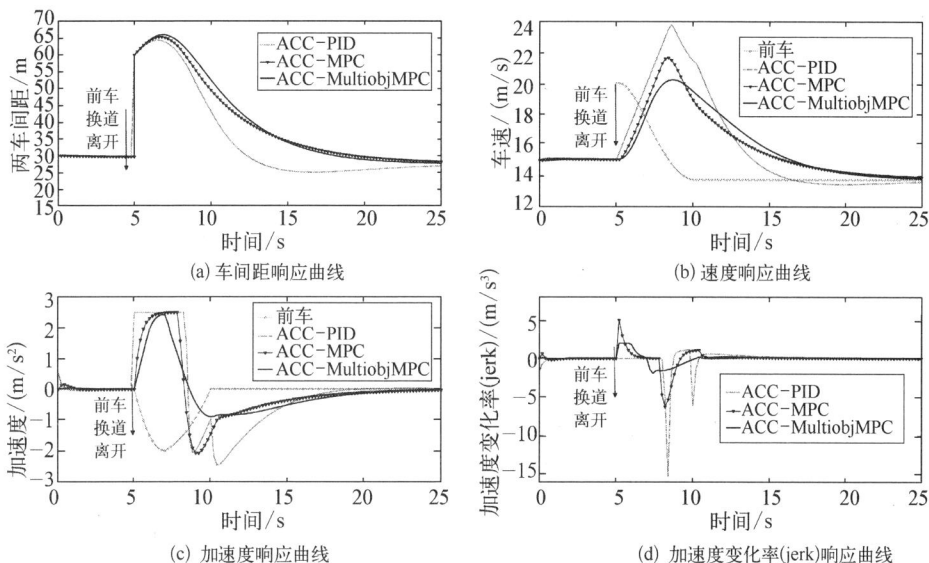

(a) 车间距响应曲线 (b) 速度响应曲线

(c) 加速度响应曲线 (d) 加速度变化率(jerk)响应曲线

图 3-5 换道离开场景下 ACC_PID, ACC_MPC, ACC_MultiobjMPC 控制算法的仿真曲线

表 3-3 换道离开场景下 ACC_PID, ACC_MPC, ACC_MultiobjMPC
控制算法的舒适度指标及油耗量

	ACC_PID	ACC_MPC	ACC_MultiobjMPC
jerk 绝对值的平均值/(m/s³)	0.342	0.348（−1.75%）	0.187（45.32%）
油耗量/g	45.377	43.065（5.1%）	34.328（24.13%）

注：(1) 表格中对舒适度指标和油耗量的统计时间段是从仿真初始时刻开始,到 ACC 系统进入稳态为止;(2) 括号中的数据是以 ACC_PID 算法(第一列数据)为基准,相应算法在各指标上的改善幅度(%),因而正数代表性能的改善,负数代表性能的衰退。

为前方的另一车辆。为了满足此时的行驶跟车性,ACC 系统车辆通常会采取一定的加速来尽快调整车间距。由图 3-5(c)可知,PID 和普通 MPC 算法的加速度曲线波动较大。以普通 MPC 算法为例,在换道离开刚发生时,它立即采取较大幅度的加速行为,使速度增加到 21.66 m/s。随着车间距的不断减小,ACC 系统车辆又以−2.08 m/s² 减速,在避撞的同时调整车速,对应的 jerk 达到了 6.29 m/s³ 的幅值,降低了行驶过程的乘坐舒适度。而多目标 MPC 算法在有效避撞和高效跟车的基础上,采取了较为平滑的响应曲线,jerk 值始终未超过驾驶员的舒适度感知界限 2 m/s³。根据表 3-3 对各算法在舒适度和燃油经济性的统计数据,可以发现:在该仿真场景下,以 PID 算法为基准,普通 MPC 算法的舒适度指标降低了 1.75%,油耗性能提高了 5.1%,而多目标 MPC 算法在舒适度和燃油经济性的改善幅度分别达到了 45.32% 和 25.13%，因而优于其他两种控制算法。

场景 4：远处接近前车(approaching)

该场景模拟的是 ACC 系统车辆从较远处接近前车的情形，对应的 ACC_PID，ACC_MPC，ACC_MultiobjMPC 算法的响应曲线如图 3-6 所示，各算法的 ACC 系统车辆在行驶过程中的 jerk 绝对值的平均值和油耗量如表 3-4 所示。

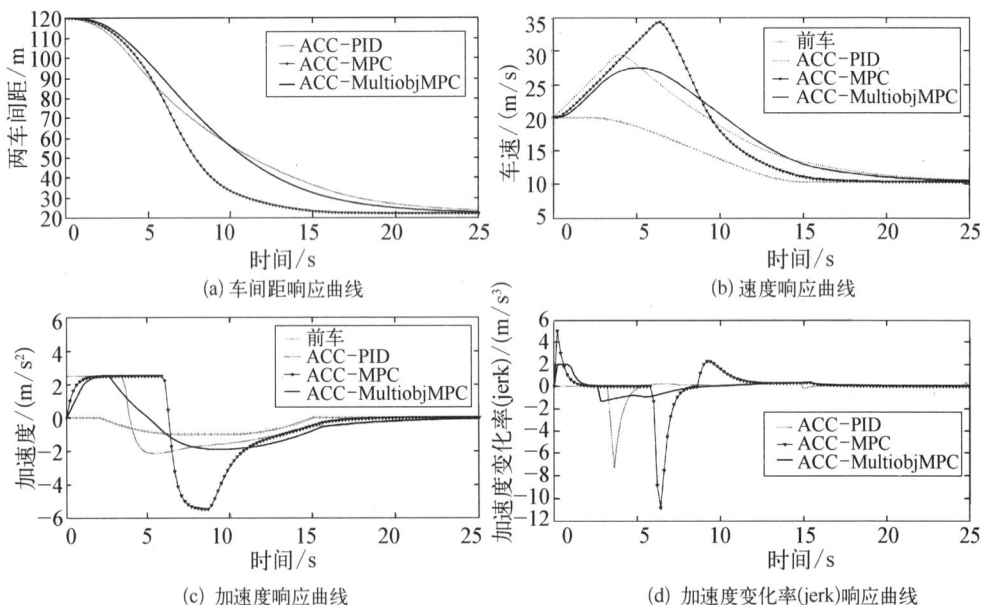

图 3-6　远处接近前车场景下 ACC_PID，ACC_MPC，ACC_MultiobjMPC 控制算法的仿真曲线

表 3-4　远处接近前车场景下 ACC_PID，ACC_MPC，ACC_MultiobjMPC 控制算法的舒适度指标及油耗量

	ACC_PID	ACC_MPC	ACC_MultiobjMPC
jerk 绝对值的平均值/(m/s³)	0.314	0.379 (−20.7%)	0.291 (7.32%)
油耗量/g	54.084	60.61 (−11.09%)	47.972 (11.3%)

注：(1) 表格中对舒适度指标和油耗量的统计时间段是从仿真初始时刻开始，到 ACC 系统进入稳态为止；(2) 括号中的数据是以 ACC_PID 算法(第一列数据)为基准，相应算法在各指标上的改善幅度(%)，因而正数代表性能的改善，负数代表性能的衰退。

在远处接近前车场景中，由于初始时刻两车间距过大，ACC 系统通常会采取一定的加速来追赶前车；当车间距调整到适当值时，继续加速将和前车发生碰撞，因而 ACC 系统车辆又必须采取减速来保证行驶过程的安全。如图 3-6 所示，在这一过程中,三种控制算法的车间距响应基本类似,速度和加速度的变化趋势也是相同的,但响应曲线的动态性能(响应速度、超调以及平滑度)及行驶过程中的舒适度指标和油耗量却有着明显的差别。普通 MPC 算法在接近前车的初始时刻采取了较长时间的加速行为,使速度增大到了近 35 m/s,紧接着又以 5.49 m/s² 的大幅减速度将车速降到稳定值,对应的 jerk 幅值达到了 10.87 m/s³;PID 算法在速度增加到 33 m/s 时开始减速,对应的减速度幅值为 2.149 m/s²,jerk 幅值达到了 7.32 m/s³。然而多目标 MPC 算法在接近前车的过程中,有效地平衡了连续的变速行为,在保证安全跟车的基础上提供了较为平滑的动态响应[见图 3-6(b),图 3-6(c)]。如表 3-4 所示,无论是在舒适度方面还是油耗性能方面,多目标 ACC 系统算法的表现均优于其他两种算法。因而在该远处接近前车场景,多目标 ACC 系统上层算法通过平滑行驶过程中的动态响应,以及对舒适性和油耗性能的优化,使得车辆在安全接近前车的过程中,提供了比其他两种算法更优越的乘坐舒适度和燃油经济性,因而有利于改善驾驶员对 ACC 系统的满意程度,提高 ACC 系统的使用率。

场景 5: 急刹车 (hard brake)

该场景考察的是在两车相距较近时,前车突然急刹车,本车能否采取有效的措施避免碰撞,并尽可能地保证其他的行驶目的,如舒适性、油耗性等。ACC_PID,ACC_MPC,ACC_MultiobjMPC 的响应曲线如图 3-7 所示,各算法的 ACC 系统车辆在行驶过程中的 jerk 绝对值的平均值和油耗量如表 3-5 所示。

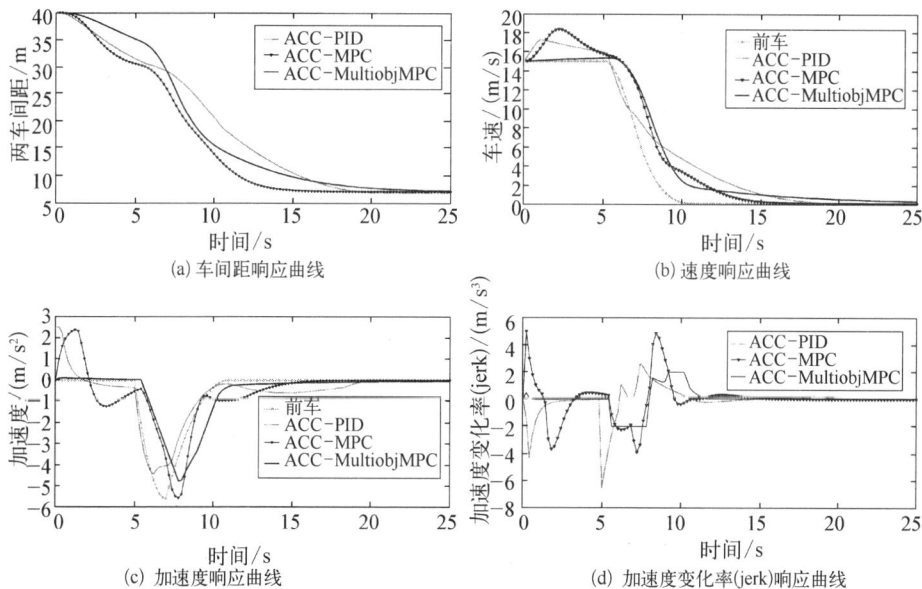

(a) 车间距响应曲线

(b) 速度响应曲线

(c) 加速度响应曲线

(d) 加速度变化率(jerk)响应曲线

图 3-7 急刹车场景下 ACC_PID, ACC_MPC, ACC_MultiobjMPC 控制算法的仿真曲线

表 3-5　急刹车场景下 ACC_PID, ACC_MPC, ACC_MultiobjMPC
控制算法的舒适度指标及油耗量

	ACC_PID	ACC_MPC	ACC_MultiobjMPC
jerk 绝对值的平均值/(m/s^3)	0.509	0.571（−12.18%）	0.462（9.23%）
油耗量/g	17.417	18.178（−4.37%）	16.442（5.6%）

注：(1) 表格中对舒适度指标和油耗量的统计时间段是从仿真初始时刻开始，到 ACC 系统进入稳态为止；(2) 括号中的数据是以 ACC_PID 算法（第一列数据）为基准，相应算法在各指标上的改善幅度（%），因而正数代表性能的改善，负数代表性能的衰退。

由图 3-7 可知，在急刹车场景下，ACC_PID, ACC_MPC 和 ACC_MultiobjMPC 均及时采取了刹车动作来避免和前车发生碰撞，这是因为安全性是车辆行驶过程中最基本也是最重要的控制目的。根据图 3-7(a)的仿真结果，可以看出三种 ACC 系统算法控制的车辆均未与前车发生碰撞，保证了行驶的安全性。由图 3-7(d) 可知，在整个刹车过程中，多目标 MPC 算法的舒适度指标 jerk 一直保持在 2 m/s^3 的范围内［见图 3-7(d)］，而 PID 算法和普通 MPC 算法的 jerk 幅值不仅超出了 2 m/s^3，而且响应曲线存在严重的波动。根据表 3-5 对 jerk 绝对值的平均值以及油耗的统计结果，我们可以看出：无论是在舒适度还是油耗性能上，多目标 MPC 算法相比于其他两种算法都有不同程度的改善，但改善幅度不如前面的换道插入、换道离开以及远处接近前车场景。这是因为在前车急刹车这样危险的情况下，ACC 系统控制算法必须采取较为剧烈的刹车行为优先保证行驶的安全，其他性能的优化是其次的。

3.5　本　章　小　结

针对现有 ACC 系统上层控制算法缺乏对乘坐舒适性和燃油经济性的考虑，本章研究了一个兼顾安全性、跟车性、舒适性和燃油经济性的多目标 MPC 上层控制算法。首先对 ACC 系统的车间相互纵向运动学特性进行建模，并将其作为 ACC 系统的上层控制模型；接着对 ACC 系统上层控制的多个行驶目的进行了分析，将其转化为相应的性能指标和系统约束，在 MPC 的理论框架下将多目标 ACC 系统上层控制算法设计转化为一个滚动的在线优化问题，通过求解相应的数学规划命题得到 ACC 系统的上层控制率；最后进行了多个典型场景的仿真实验，实验结果表明：该多目标 MPC 算法在保证安全性和跟车性的基础上，有效地改善了乘坐舒适性和燃油经济性，因而很好地兼顾了行驶过程中的多个控制目的，有利于改善驾驶员对车辆 ACC 系统的满意度和接受度。

4

考虑驾驶员行驶习惯的双模式 ACC 系统上层控制算法研究

4.1 引　　言

车辆 ACC 系统作为一种驾驶辅助系统,代替驾驶员根据周围行车状况做出决策和控制,其表现出来的行驶行为应尽可能地模拟人的日常行驶习惯,这样才能让驾驶员对 ACC 系统的行驶行为感到"自然"[109, 110],提高驾驶员对 ACC 系统的满意度和信任度。在 ACC 系统的双层控制结构中,上层控制扮演着驾驶员的角色,决定了车辆在行驶过程中的决策行为,因而如何在该层设计中充分体现驾驶员的行驶特性,对提高 ACC 系统的使用率具有重要的意义。

在现有研究中,Yi 等人[77, 111]就明确指出 ACC 系统的上层设计应基于人的驾驶习惯,但他们仅利用实测的驾驶员行驶数据对 ACC 系统中的间距策略进行参数标定,而未在控制算法中考虑驾驶员的行驶特性;Naranjo 等人[112]则通过对驾驶员日常行驶习惯的总结,利用模糊控制理论设计了 ACC 系统的上层控制算法;Chakroborty 等人[113]则利用实测的微观驾驶数据来训练神经网络得到 ACC 系统的控制率。然而,由于驾驶员的个体差异及强随机性,针对某一部分驾驶员的行驶数据提炼出的 ACC 系统控制算法不一定能满足其他驾驶员的行驶需求,而且更重要的是这种控制策略无法对 ACC 系统车辆在行驶过程中的动态响应进行优化,使之满足多个控制目的[8]。还有一些学者通过对现有的微观手动驾驶模型进行改进,得到 ACC 系统的上层控制策略[66, 114]。为了设计出一个尽可能兼顾多个行驶目标并且充分考虑驾驶员日常行驶习惯的车辆 ACC 系统上层控制策略,让更多的驾驶员接受"自然"又高效的 ACC 系统,仅仅通过实测驾驶数据提炼控制规则或者单纯地采用某种数学模型是不够的,应该利用优化控制的优势并结合对驾驶员行驶特性的考虑,设计 ACC 系统的上层控制算法。

因此,本章设计了一个充分体现驾驶员行驶特性的双模式多目标 ACC 系统上层控制算法,分别由平稳跟车模式、快速接近模式以及模糊切换逻辑组成。针对平稳跟车模式,采用第 3 章提出的多目标 ACC 系统算法,使 ACC 系统车辆在两车间距处于期望值附近时,安全平稳地对前车进行跟车。而针对快速接近模式,本章设计了一个**时间最优(time-optimal)**的多目标 ACC 系统算法模拟驾驶员的行驶心理,在两车间距远大于期望值时,使 ACC 系统车辆在保证安全舒适的前提下,以尽量短的时间将车间距调整至期望值。在 MPC 的框架下,将该时间最优的多目标 ACC 系统算法转化为一个带约束的混合整数非线性规划命题,并提出了一种双层嵌套求解算法对其进行有效求解。而在两种控制模式的切换过程中,基于模糊理论制定了不同模式的切换逻辑,模拟了驾驶员根据行驶环境决策行车策略的过程。最后通过大量的仿真试验证明了该控制算法的有效性。

4.2 考虑驾驶员行驶习惯的双模式
ACC 系统上层控制算法

一般来说,驾驶员在不同交通场景中通常会采取不同的行车策略。当车间距处于期望值附近或者更小时,驾驶员通常会平稳保守地对前车进行跟车,此时如果采取较为剧烈的加速接近行为,一旦前车发生急刹车,本车可能因为不足的刹车距离而与前车发生碰撞,所以有经验的驾驶员在这个时候一般均会采取保守舒适的跟车行为。而当本车与前车相距远大于期望值时,即使此时相对速度小于 0(本车速度大于前车速度,即车间距已经逐渐在减小),驾驶员还是倾向于采取较大幅度的加速行为快速接近前车,缩小两车间距,避免因过大的车间距而导致邻近车道的车辆换道插入。

因此,可以得出结论:如果在所有的交通场景中均采用某种单一模式的 ACC 系统控制算法,很难体现驾驶员根据行驶环境选择不同行车策略的行驶习惯。为此,本节设计了一个双模式的多目标 ACC 系统上层控制算法:当两车间距处于期望值附近甚至更小时,ACC 系统采取平稳跟车模式,安全平稳、舒适经济的对前车进行跟车;一旦车间距远大于期望值时,ACC 系统采取快速接近模式,在满足安全舒适的前提下,以尽可能短的时间快速接近前车;为模拟驾驶员根据行驶环境选择不同行车策略的过程,通过总结驾驶员的行驶习惯,基于模糊推理设计了两种模式间的切换策略。下面分别对它们进行介绍。

4.2.1 平稳跟车模式

通过分析可知,当两车间距处于期望值附近甚至更小时,驾驶员通常会采取平稳保守的跟车行为。为了体现这一驾驶特性,提出了 ACC 系统的平稳跟车模式。针对该模式,在设计 ACC 系统的上层控制算法时,除了要保证行驶过程的平稳跟车,还应从提高驾驶员对 ACC 系统的满意度以及减少尾气排放的角度出发,兼顾对乘坐舒适度和燃油经济性的考虑,因而控制目的可以总结为:安全、平稳、舒适、经济地对前车进行跟车。

而在本书第 3 章中,提出了一个基于 MPC 的多目标 ACC 系统上层控制算法,有效地兼顾了平稳跟车模式的多个控制目标,并已通过仿真实验验证了该控制算法在跟车过程中能有效平滑系统的动态响应、保证行驶的安全、改善乘坐舒适度和燃油经济性。因而本节采用该算法作为双模式 ACC 系统策略中平稳跟车模式的控制策略,具体算法设计参见第 3 章,此处不再详述。

4.2.2　快速接近模式

为了体现驾驶员在两车相距较远时的快速接近心理,提出了 ACC 系统的快速接近模式。该模式下的控制的目的是在保证安全舒适的前提下,以尽可能短的时间接近前车,将车间距调整至期望值,避免其他车道的车辆换道插入。针对该模式,在 MPC 的框架下设计一个时间最优的多目标 ACC 控制算法。

采用 3.2 节中建立的 ACC 系统纵向运动学模型作为控制模型:

$$\boldsymbol{x}(k+1) = \boldsymbol{A}\boldsymbol{x}(k) + \boldsymbol{B}u(k) + \boldsymbol{G}w(k) \tag{4-1}$$

其中

$$\boldsymbol{x}(k) = \left[\Delta x(k),\ v(k),\ v_{\mathrm{rel}}(k),\ a(k),\ j(k)\right]^{\mathrm{T}},\ w(k) = a_{\mathrm{p}}(k)$$

在接近前车的过程中,为保证行驶过程的安全性,需要对两车的实际车间距进行严格约束以避免碰撞。此外,通过优化加速度和加速度变化率 jerk[107] 来改善接近过程的乘坐舒适度。考虑到车辆自身能力的限制,需要对速度、加速度、加速度变化率以及控制命令等进行约束,这些和第 3 章的考虑方法是类似的:

$$目标:\begin{cases} \min \mid a(k) \mid \\ \min \mid j(k) \mid \end{cases} \tag{4-2}$$

$$约束条件:\Delta x(k) \geqslant d_{\mathrm{c}} \tag{4-3}$$

$$v_{\min} \leqslant v(k) \leqslant v_{\max} \tag{4-4}$$

$$a_{\min} \leqslant a(k) \leqslant a_{\max} \tag{4-5}$$

$$j_{\min} \leqslant j(k) \leqslant j_{\max} \tag{4-6}$$

$$u_{\min} \leqslant u(k) \leqslant u_{\max} \tag{4-7}$$

在满足上述行驶目的和约束后,快速接近模式模拟驾驶员的行驶心理,在远离前车时以尽量短的时间去加速靠近前车,将车间距调整至期望值,即时间最优。为此,引入一个离散整数变量 n,代表从当前车间距调整到期望值所需的离散时间步数,同时在优化命题中加入时域终端约束,要求在该时域结束后,车间距调整至期望值,通过最小化该时域变量达到时间最优的目的。另外,考虑到 MPC 的预测及优化范围均由预测时域决定,只有在预测时域内的寻优才是有意义的,因此需要对离散时域变量做上限限制。

$$目标: \min n \tag{4-8}$$

$$约束条件: \begin{cases} \delta(k+n) = 0 \\ n \in [0, \ p_{\text{fast}}] \\ n \in 整数 \end{cases} \tag{4-9}$$

式中,$\delta(k+n)$ 为 $k+n$ 时刻的间距误差;p_{fast} 为快速接近模式下的预测时域。

式(4-8)和式(4-9)表征了 ACC 系统在快速接近模式下的时间最优性目标,模拟了车间远大于期望值时驾驶员的快速接近心理。

由第 3 章的式(3-2)和式(3-3),可知间距误差 δ 和状态变量的关系如下:

$$\delta(k) = \boldsymbol{C}_\delta \boldsymbol{x}(k) - \Delta x_0 \tag{4-10}$$

其中,

$$\boldsymbol{C}_\delta = \begin{bmatrix} 1 & -t_{\text{h}} & 0 & 0 & 0 \end{bmatrix}$$

车头时距 t_{h} 的取值可参照第 2 章提出的可变车头时距策略,这里不再详述。

定义快速接近模式的舒适性能向量为

$$\boldsymbol{y}_{\text{fast}}(k) = \begin{bmatrix} a(k) & j(k) \end{bmatrix}^{\text{T}} = \boldsymbol{C}_{\text{fast}} \boldsymbol{x}(k) \tag{4-11}$$

其中,矩阵 $\boldsymbol{C}_{\text{fast}}$ 为

$$\boldsymbol{C}_{\text{fast}} = \begin{bmatrix} 0 & 0 & 0 & 1 & 0 \\ 0 & 0 & 0 & 0 & 1 \end{bmatrix}$$

为平滑 ACC 系统的动态响应曲线,提高燃油经济性,选取逐渐趋近于稳定值的指数衰减函数作为参考轨迹,使得上述性能指标在进行优化时沿着平滑的参考轨迹逐渐趋近于最优值:

$$\boldsymbol{y}_{\text{fast\_ref}}(k+i) = \boldsymbol{\varphi}_{\text{fast}}^i \boldsymbol{y}_{\text{fast}}(k) \tag{4-12}$$

其中,$\boldsymbol{y}_{\text{fast\_ref}}$ 为舒适度性能向量的参考轨迹向量;$\boldsymbol{\varphi}_{\text{fast}}$ 如下:

$$\boldsymbol{\varphi}_{\text{fast}} = \begin{bmatrix} \rho_a & \\ & \rho_j \end{bmatrix}$$

在将快速接近模式的安全性、跟车性、时间最优性以及舒适性转化为相应的性能指标和系统约束后，下面利用 MPC 的框架设计对应的控制算法。根据式(4-1)和式(4-11)，对未来 $k+p_{\text{fast}}$ 时刻内的状态向量、舒适性能向量进行预测，并假设 $k+m_{\text{fast}}-1$ 时刻后的控制变量和该时刻的控制量相等：

$$\hat{\boldsymbol{X}}_{\text{p}}(k+p_{\text{fast}} \mid k) = \bar{\boldsymbol{A}}_{\text{fast}}\boldsymbol{x}(k) + \bar{\boldsymbol{B}}_{\text{fast}}\boldsymbol{U}(k+m_{\text{fast}}) +$$
$$\bar{\boldsymbol{G}}_{\text{fast}}\boldsymbol{W}(k+p_{\text{fast}}) + \bar{\boldsymbol{H}}_{\text{fast}}\,\boldsymbol{e}_x(k) \qquad (4-13)$$

$$\hat{\boldsymbol{Y}}_{\text{fast\_p}}(k+p_{\text{fast}} \mid k) = \bar{\boldsymbol{C}}_{\text{fast}}\boldsymbol{x}(k) + \bar{\boldsymbol{D}}_{\text{fast}}\boldsymbol{U}(k+m_{\text{fast}}) +$$
$$\bar{\boldsymbol{E}}_{\text{fast}}\boldsymbol{W}(k+p_{\text{fast}}) + \bar{\boldsymbol{F}}_{\text{fast}}\,\boldsymbol{e}_x(k) \qquad (4-14)$$

其中，m_{fast} 为 ACC 系统快速接近模式下的控制时域；$\hat{\boldsymbol{X}}_{\text{p}}(k+p_{\text{fast}} \mid k)$，$\boldsymbol{U}_{\text{p}}(k+m_{\text{fast}})$，$\boldsymbol{W}(k+p_{\text{fast}})$，$\hat{\boldsymbol{Y}}_{\text{fast\_p}}(k+p_{\text{fast}} \mid k)$ 和预测向量矩阵 $\bar{\boldsymbol{A}}_{\text{fast}}$，$\bar{\boldsymbol{B}}_{\text{fast}}$，$\bar{\boldsymbol{G}}_{\text{fast}}$，$\bar{\boldsymbol{H}}_{\text{fast}}$，$\bar{\boldsymbol{C}}_{\text{fast}}$，$\bar{\boldsymbol{D}}_{\text{fast}}$，$\bar{\boldsymbol{E}}_{\text{fast}}$，$\bar{\boldsymbol{F}}_{\text{fast}}$ 如下所示：

$$\hat{\boldsymbol{X}}_{\text{p}}(k+p_{\text{fast}} \mid k) = \begin{bmatrix} \hat{\boldsymbol{x}}_{\text{p}}(k+1 \mid k) \\ \hat{\boldsymbol{x}}_{\text{p}}(k+2 \mid k) \\ \vdots \\ \hat{\boldsymbol{x}}_{\text{p}}(k+p_{\text{fast}} \mid k) \end{bmatrix}, \hat{\boldsymbol{Y}}_{\text{fast\_p}}(k+p_{\text{fast}} \mid k) = \begin{bmatrix} \hat{\boldsymbol{y}}_{\text{fast}}(k+1 \mid k) \\ \hat{\boldsymbol{y}}_{\text{fast}}(k+2 \mid k) \\ \vdots \\ \hat{\boldsymbol{y}}_{\text{fast}}(k+p_{\text{fast}} \mid k) \end{bmatrix},$$

$$\boldsymbol{U}(k+m_{\text{fast}}) = \begin{bmatrix} u(k) \\ u(k+1) \\ \vdots \\ u(k+m_{\text{fast}}-1) \end{bmatrix}, \boldsymbol{W}(k+p_{\text{fast}}) = \begin{bmatrix} w(k) \\ w(k+1) \\ \vdots \\ w(k+p_{\text{fast}}-1) \end{bmatrix},$$

$$\bar{\boldsymbol{A}}_{\text{fast}} = \begin{bmatrix} \boldsymbol{A} \\ \boldsymbol{A}^2 \\ \vdots \\ \boldsymbol{A}^{p_{\text{fast}}-1} \end{bmatrix}, \bar{\boldsymbol{B}}_{\text{fast}} = \begin{bmatrix} \boldsymbol{B} & \boldsymbol{0} & \cdots & \boldsymbol{0} \\ \boldsymbol{AB} & \boldsymbol{B} & \cdots & \vdots \\ \vdots & \vdots & \vdots & \boldsymbol{0} \\ \boldsymbol{A}^{p_{\text{fast}}-1}\boldsymbol{B} & \boldsymbol{A}^{p_{\text{fast}}-2}\boldsymbol{B} & \cdots & \sum_{l=0}^{p_{\text{fast}}-m_{\text{fast}}} \boldsymbol{A}^l\boldsymbol{B} \end{bmatrix},$$

$$\bar{C}_{\text{fast}} = \begin{bmatrix} C_{\text{fast}} A \\ C_{\text{fast}} A^2 \\ \vdots \\ C_{\text{fast}} A^{p_{\text{fast}}-1} \end{bmatrix},$$

$$\bar{D}_{\text{fast}} = \begin{bmatrix} C_{\text{fast}} B & 0 & \cdots & 0 \\ C_{\text{fast}} AB & C_{\text{fast}} B & O & \vdots \\ \vdots & \vdots & O & 0 \\ C_{\text{fast}} A^{p_{\text{fast}}-1} B & C_{\text{fast}} A^{p_{\text{fast}}-2} B & \cdots & \sum_{l=0}^{p_{\text{fast}}-m_{\text{fast}}} C_{\text{fast}} A^l B \end{bmatrix},$$

$$\bar{G} = \begin{bmatrix} G & 0 & \cdots & 0 \\ AG & G & O & \vdots \\ \vdots & \vdots & O & 0 \\ A^{p_{\text{fast}}-1} G & A^{p_{\text{fast}}-2} G & \cdots & G \end{bmatrix}, \quad \bar{H}_{\text{fast}} = \begin{bmatrix} H_1 \\ H_2 \\ \vdots \\ H_{p_{\text{fast}}} \end{bmatrix},$$

$$\bar{E}_{\text{fast}} = \begin{bmatrix} C_{\text{fast}} G & 0 & \cdots & 0 \\ C_{\text{fast}} AG & C_{\text{fast}} G & O & \vdots \\ \vdots & \vdots & O & 0 \\ C_{\text{fast}} A^{p_{\text{fast}}-1} G & C_{\text{fast}} A^{p_{\text{fast}}-2} G & \cdots & C_{\text{fast}} G \end{bmatrix}, \quad \bar{F}_{\text{fast}} = \begin{bmatrix} C_{\text{fast}} H_1 \\ C_{\text{fast}} H_2 \\ \vdots \\ C_{\text{fast}} H_{p_{\text{fast}}} \end{bmatrix}$$

根据式(4-10),对终端约束式(4-9)中的 $\delta(k+n)$ 进行预测:

$$\hat{\delta}(k+n \mid k) = C_\delta A^n x(k) + C_\delta \begin{bmatrix} A^{n-1} B & A^{n-2} B & \cdots & \sum_{i=0}^{n-m_{\text{fast}}} A^i B \end{bmatrix} U(k+m_{\text{fast}}) +$$

$$C_\delta \begin{bmatrix} A^{n-1} G & A^{n-2} G & \cdots & \sum_{i=0}^{n-p_{\text{fast}}} A^i G \end{bmatrix} W(k+p_{\text{fast}}) \tag{4-15}$$

在 MPC 的框架下,将 ACC 系统快速接近模式的控制策略设计写成如下优化命题:

$$J_{\text{fast}} = S_{\text{fast}} n^2 + \sum_{i=1}^{p_{\text{fast}}} [\hat{y}_{\text{fast}\_p}(k+i \mid k) - y_{\text{fast\_ref}}(k+i)]^{\mathrm{T}} Q_{\text{fast}} [\hat{y}_{\text{fast}\_p}(k+i \mid k) -$$

$$y_{\text{fast\_ref}}(k+i)] + \sum_{i=0}^{m_{\text{fast}}-1} u(k+i-1)^{\mathrm{T}} R_{\text{fast}} u(k+i-1) \tag{4-16}$$

s. t.

$$\begin{cases} \boldsymbol{M} \leqslant \boldsymbol{L} \hat{\boldsymbol{x}}_p(k+i \mid k) \leqslant \boldsymbol{N} & (i=1, \cdots, p_{fast}) \\ u_{min} \leqslant u(k+j-1) \leqslant u_{max} & (j=1, \cdots, m_{fast}) \\ \boldsymbol{C}_\delta \hat{\boldsymbol{x}}(k+n \mid k) - \Delta x_0 = 0 \\ n \in 整数 \\ 0 \leqslant n \leqslant p_{fast} \end{cases} \quad (4-17)$$

式中，矩阵 $\boldsymbol{S}_{fast}$、$\boldsymbol{Q}_{fast}$ 和 R_{fast} 分别为快速接近模式下关于时间最优性，舒适度以及控制变量在值函数中的权系数。

把式(4-13)～式(4-15)代入式(4-16)和式(4-17)，忽略性能指标中与待优化变量(控制向量和离散时域变量)无关的项，得到：

$$\min_{U(k+m_{fast}), n} J_{fast} = \min_{U(k+m_{fast}), n} \{ 2(\boldsymbol{x}^T(k)[\bar{\boldsymbol{C}}_{fast}{}^T - \boldsymbol{C}_{fast}{}^T \bar{\boldsymbol{\Phi}}_{fast}{}^T] + \boldsymbol{W}(k+p_{fast})^T \bar{\boldsymbol{E}}_{fast}{}^T +$$

$$\boldsymbol{e}_x(k)^T \bar{\boldsymbol{F}}_{fast}{}^T) \bar{\boldsymbol{Q}}_{fast} \bar{\boldsymbol{D}}_{fast} \boldsymbol{U}(k+m_{fast}) +$$

$$\boldsymbol{U}(k+m_{fast})^T (\bar{\boldsymbol{R}}_{fast} + \bar{\boldsymbol{D}}_{fast}{}^T \bar{\boldsymbol{Q}}_{fast} \bar{\boldsymbol{D}}_{fast}) \boldsymbol{U}(k+m_{fast}) + \boldsymbol{S}_{fast} n^2 \}$$

$$(4-18)$$

s. t.

$$\begin{cases} \boldsymbol{\Omega}_{fast} \boldsymbol{U}(k+m_{fast}) \leqslant \boldsymbol{T}_{fast} \\ \boldsymbol{C}_\delta \boldsymbol{A}_{fast}{}^n x(k) + \boldsymbol{C}_\delta \boldsymbol{\Theta}_1 \boldsymbol{U}(k+m_{fast}) + \boldsymbol{C}_\delta \boldsymbol{\Theta}_2 \boldsymbol{W}(k+p_{fast}) = \Delta x_0 \\ n \in 整数 \\ 0 \leqslant n \leqslant p_{fast} \end{cases} \quad (4-19)$$

其中

$$\bar{\boldsymbol{\Phi}}_{fast} = \begin{bmatrix} \boldsymbol{\varphi}_{fast}{}^1 \\ \boldsymbol{\varphi}_{fast}{}^2 \\ \vdots \\ \boldsymbol{\varphi}_{fast}{}^{p_{fast}} \end{bmatrix}, \boldsymbol{\Omega}_{fast} = \begin{bmatrix} \bar{\boldsymbol{L}} \bar{\boldsymbol{B}}_{fast} \\ -\bar{\boldsymbol{L}} \bar{\boldsymbol{B}}_{fast} \\ \boldsymbol{I} \\ -\boldsymbol{I} \end{bmatrix}, \boldsymbol{\Theta}_1 = \boldsymbol{C}_\delta \begin{bmatrix} \boldsymbol{A}^{n-1} \boldsymbol{B} & \boldsymbol{A}^{n-2} \boldsymbol{B} & \cdots & \sum_{i=0}^{n-m_{fast}} \boldsymbol{A}^i \boldsymbol{B} \end{bmatrix},$$

$$\boldsymbol{\Theta}_2 = \boldsymbol{C}_\delta \begin{bmatrix} \boldsymbol{A}^{n-1} \boldsymbol{G} & \boldsymbol{A}^{n-2} \boldsymbol{G} & \cdots & \sum_{i=0}^{n-p_{fast}} \boldsymbol{A}^i \boldsymbol{G} \end{bmatrix},$$

$$
\boldsymbol{T}_{\text{fast}} = \begin{bmatrix}
\bar{\boldsymbol{N}}_{\text{fast}} - \bar{\boldsymbol{L}}_{\text{fast}}\, \bar{\boldsymbol{G}}_{\text{fast}} \boldsymbol{W}(k + p_{\text{fast}}) - \bar{\boldsymbol{L}}_{\text{fast}}\, \bar{\boldsymbol{A}}_{\text{fast}} x(k) - \bar{\boldsymbol{L}}_{\text{fast}}\, \bar{\boldsymbol{H}}_{\text{fast}}\, \boldsymbol{e}_x(k) \\
-\bar{\boldsymbol{M}}_{\text{fast}} + \bar{\boldsymbol{L}}_{\text{fast}}\, \bar{\boldsymbol{G}}_{\text{fast}} \boldsymbol{W}(k + p_{\text{fast}}) + \bar{\boldsymbol{L}}_{\text{fast}}\, \bar{\boldsymbol{A}}_{\text{fast}} x(k) + \bar{\boldsymbol{L}}_{\text{fast}}\, \bar{\boldsymbol{H}}_{\text{fast}}\, \boldsymbol{e}_x(k) \\
\boldsymbol{U}_{\max} \\
-\boldsymbol{U}_{\min}
\end{bmatrix}
$$

由式(4-18)、式(4-19)可知,快速接近模式下的控制算法设计在 MPC 的框架下转化为一个混合整数非线性规划(MINLP)命题,既含有连续优化向量 $\boldsymbol{U}(k + m_{\text{fast}}) = [u(k),\ u(k+1),\ u(k+2)\cdots,\ u(k+m_{\text{fast}}-1)]^{\text{T}}$,又包含一个离散优化变量 n,目标函数虽然为标准的二次型形式,但连续向量和离散变量相互耦合构成了非线性等式约束,且离散变量位于矩阵的幂次上。此外,在非线性等式约束中,参数矩阵是一个由离散变量决定的分块矩阵形式,如 $\boldsymbol{\varTheta}_1$、$\boldsymbol{\varTheta}_2$ 所示,因而使得该 MINLP 命题具有一定的特殊性和复杂性,如何对其进行有效求解,获得快速接近模式的控制率,将在本章 4.3 节中进行介绍。

综上,本节针对双模式 ACC 系统上层控制算法中的快速接近模式设计了一个时间最优的多目标 MPC 算法,在保证安全舒适的基础上,模拟驾驶员的行驶心理快速接近前车。为实现时间最优性,通过引入离散时域变量表征车间距的调整时间并在优化命题中加入终端约束,在 MPC 的框架下最终将控制算法设计转化为一个混合整数非线性规划命题。

4.2.3　基于模糊推理的双模式切换策略

在分别对 ACC 系统的平稳跟车模式和快速接近模式进行介绍后,本节通过对驾驶员的行驶特性进行总结,基于模糊理论建立了两个模式间的切换规则,使 ACC 系统模拟驾驶员的决策过程,根据不同行驶环境选择不同的控制模式。

模糊推理(fuzzy inference),最早由 Zadeh 在 1965 年提出[115],自推出以来已经得到广泛应用。它是一种基于专家语言规则的推理方法,通过模仿人的思维方式进行决策,因而常应用于许多复杂而无法建立精确数学模型的系统。模糊推理一般由三个模块组成:① 输入量的模糊化,即对输入精确量进行处理变成模糊控制要求的输入量;② 模糊推理,通过模拟人的思维方式建立推理逻辑;③ 解模糊化,将模糊推理得到的模糊量转变为用于实际控制或决策的精确量。模糊推理最大的特征是能将操作者或专家的控制经验和知识表示成语言变量描述的推理规则,根据这些规则进行决策控制。由于驾驶员根据行驶环境决定行驶策略是由人、车、路等多种因素综合作用下的过程,既包括驾驶员的主观判断过程,又有外界环境的作用,还存在许多不确定性和未知性。因此,本节利用模糊推理的优势对

ACC 系统的双模式切换逻辑进行设计,模拟驾驶员的决策过程。

这里选择间距误差和相对速度作为模糊切换策略的输入,定义模糊推理的输出为反映驾驶员选择快速接近模式的心理偏向系数,取值范围为[0,1],该系数越大,驾驶员选取快速接近模式的可能性就越大。

首先对输入变量进行模糊化,通过建立相应的隶属度函数,将输入变量精确值映射到对应的模糊集合,从而反映该变量具有某个模糊性质或属于某个模糊概念的程度。针对各变量在真实交通场景中的取值,采用"小于零"、"等于零"、"大于零"等 3 个模糊语言变量分别描述间距误差和相对速度,采用"等于零"、"微小"、"小"、"中等"、"大"等 5 个模糊语言变量描述驾驶员选择快速接近模式的心理偏向系数,建立如图 4-1 所示的模糊隶属度函数。

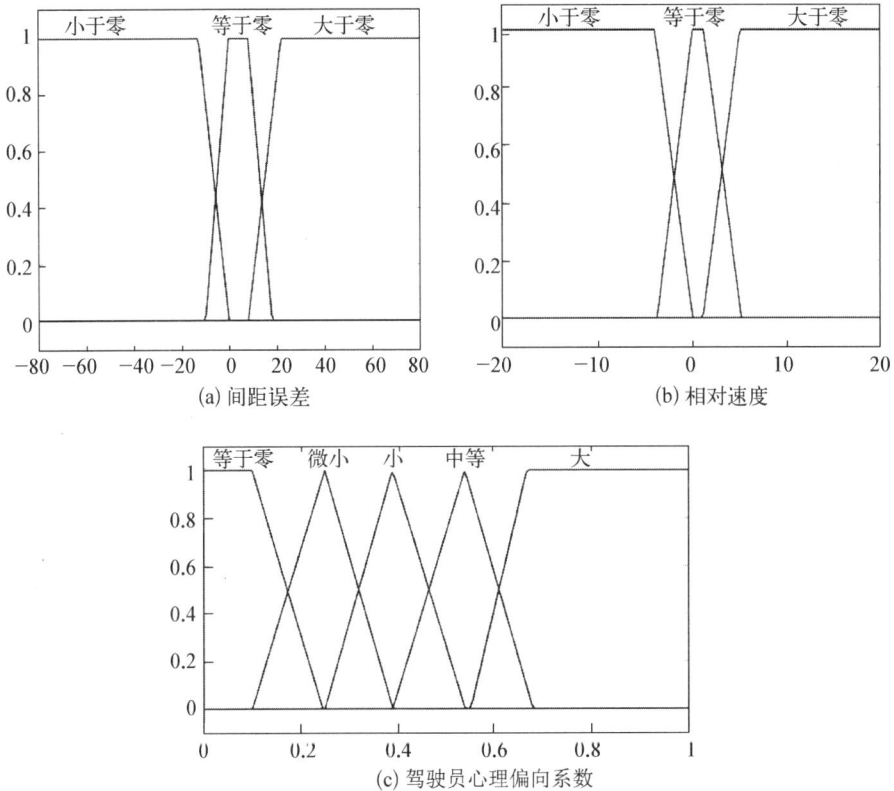

(a) 间距误差

(b) 相对速度

(c) 驾驶员心理偏向系数

图 4-1 双模式 ACC 系统模糊切换逻辑的输入、输出隶属度函数

根据对驾驶员行驶特性的总结,建立了如下推理规则来模仿驾驶员根据行驶环境进行决策的过程:

R1：**If**（spacing error is null）**and**（relative velocity is more-than-null）**then**（psychological coefficient is small）

R2：**If**（spacing error is null）**and**（relative velocity is not more-than-null）**then**（psychological coefficient is slight）

R3：**If**（spacing error is more-than-null）**and**（relative velocity is more-than-null）**then**（psychological coefficient is large）

R4：**If**（spacing error is more-than-null）**and**（relative velocity is null）**then**（psychological coefficient is moderate）

R5：**If**（spacing error is more-than-null）**and**（relative velocity is less-than-null）**then**（psychological coefficient is small）

R6：**If**（spacing error is less-than-null）**then**（psychological coefficient is null）

由于经过模糊推理后得到的是输出变量的一个范围上的隶属度函数,因此必须进行解模糊化得到一个确定的值,本书采用面积中心法(又称重心法)计算隶属度曲线包围区域的重心。

$$x_{\text{out}} = \frac{\sum\limits_{i=1} r_i c_i}{\sum\limits_{i=1} r_i} \tag{4-20}$$

式中,r_i表示当前值与每条规则的符合程度;c_i为与每条规则对应的确定值。

为了根据模糊输出变量决定 ACC 系统应采取何种控制模式,定义 ACC 系统快速接近模式的启动阈值 λ_{fast}。通过对比解模糊化后得到的驾驶员心理偏向系数与 λ_{fast},决定控制模式。当驾驶员心理偏向系数大于 λ_{fast} 时,车辆 ACC 系统将采取快速接近模式,反之激活平稳跟车模式,即:

If（psychological coefficient $>\lambda_{\text{fast}}$）, **then**（fast approaching mode is on）

else（steady following mode is on）.

综上,本节基于模糊推理建立了双模式 ACC 系统平稳跟车模式和快速接近模式的切换逻辑,模拟了驾驶员根据不同行驶环境决策行车策略的过程。

4.3　快速接近模式的控制算法求解

由 4.2.2 节可知,快速接近模式的控制算法设计在 MPC 的框架下最终转化为一个在线的混合整数非线性规划(MINLP)命题。如何对该问题进行快速有效地求解,得到双模式 ACC 系统快速接近模式下的控制率,是本小结的主要研究内容。

MINLP 的求解算法大致可以分为两类:确定性算法和启发式算法。常用的确定性算法有**分支定界法**(branch & bound, **B&B**)[116, 117],**广义 Benders 分解法**(generalized benders decomposition, **GBD**)[118],**外逼近算法**(outer approximation, **OA**)[119]等。这些算法主要是基于梯度信息,易陷入局部最优。常用的启发式算法[120]有**遗传算法**(genetic algorithm, **GA**)[121],**蚁群算法**(ant colony optimization, **ACO**)[122],**粒子群算法**(particle swarm deposition, **PSO**)[123, 124],**模拟退火算法**(simulated annealing, **SA**)[125, 126]等。启发式算法不像确定性算法对目标函数和约束要求那么高,它不要求可导、凸性等,因而通用性强[127]。

仔细观察快速接近模式的待求解 MINLP 问题,如式(4 - 18)和式(4 - 19)所示,可以发现待优化变量包括一个离散变量和若干连续变量,目标函数为标准的二次型形式,但在约束中,连续变量和离散变量相互耦合存在一定的非线性。此外,离散变量以参数矩阵的幂次形式存在于非线性约束中,并且某些参数矩阵是由离散变量决定的分块矩阵形式,从而使得该 MINLP 问题具有一定的特殊性和复杂性。通过尝试,发现直接采用确定性算法或启发式算法都不能较好地对该问题进行求解。MINLP 问题的难点在于它同时包含了离散变量和连续变量,如果能事先固定好离散变量[127],将原问题转化为非线性规划并利用相应的确定性算法进行求解,就能将原问题分解为一个整数规划和一个非线性规划,不仅降低了求解的复杂度,而且有利于提高求解效率。沿着这一思路,针对待求解的 MINLP 问题,固定其整数变量后,得到:

$$\min_{U(k+m_{\text{fast}})} J =$$

$$\min \left\{ \begin{array}{l} 2[\boldsymbol{x}^{\text{T}}(k)(\bar{\boldsymbol{C}}_{\text{fast}}^{\text{T}} - \boldsymbol{C}_{\text{fast}}^{\text{T}} \bar{\boldsymbol{\Phi}}_{\text{fast}}^{\text{T}}) + \boldsymbol{W}(k+p_{\text{fast}})^{\text{T}} \bar{\boldsymbol{E}}_{\text{fast}}^{\text{T}} + e_x(k)^{\text{T}} \bar{\boldsymbol{F}}_{\text{fast}}^{\text{T}}] \bar{\boldsymbol{Q}}_{\text{fast}} \bar{\boldsymbol{D}}_{\text{fast}} \boldsymbol{U}(k+m_{\text{fast}}) + \\ \boldsymbol{U}(k+m_{\text{fast}})^{\text{T}} (\bar{\boldsymbol{R}}_{\text{fast}} + \bar{\boldsymbol{D}}_{\text{fast}}^{\text{T}} \bar{\boldsymbol{Q}}_{\text{fast}} \bar{\boldsymbol{D}}_{\text{fast}}) \boldsymbol{U}(k+m_{\text{fast}}) + f_{\text{int}}(n) \end{array} \right\}$$

$$(4 - 21)$$

s. t.

$$\begin{cases} \boldsymbol{\Omega}_{\text{fast}} \boldsymbol{U}(k+m_{\text{fast}}) \leqslant \boldsymbol{T}_{\text{fast}} \\ \boldsymbol{C}_{\delta} \bar{\boldsymbol{\Theta}}_1 \boldsymbol{U}(k+m_{\text{fast}}) = \gamma \end{cases} \qquad (4 - 22)$$

其中

$$\gamma = \Delta s_0 - \boldsymbol{C}_{\delta} \bar{\boldsymbol{\Theta}}_1 \boldsymbol{U}(k+m_{\text{fast}}) + \boldsymbol{C}_{\delta} \bar{\boldsymbol{\Theta}}_2 \boldsymbol{W}(k+p_{\text{fast}})$$

式中,$f_{\text{int}}(n)$ 为整数变量固定后对应项在目标函数的值;$\bar{\boldsymbol{\Theta}}_1$、$\bar{\boldsymbol{\Theta}}_2$ 为整数变量固定后

$\boldsymbol{\Theta}_1$、$\boldsymbol{\Theta}_2$的参数矩阵值。

由式(4-21)和式(4-22)可见,原命题中的非线性耦合约束因整数变量的固定而得到显著简化,转化为一个标准的**二次规划(quadratic programming, QP)**命题。目前对 QP 问题的求解已经比较成熟,可以直接利用 Matlab Optimization Toolbox 中的确定性算法——积极集法进行求解。

为此,本节采用一种双层嵌套求解结构对快速接近控制模式的 MINLP 问题进行求解,外层采用启发式搜索算法进行整数搜索,确定好整数变量后,内层转化为一个标准的二次规划问题,求解结果则交给外层继续进行整数搜索,这样反复交替、迭代求解,直至满足终止条件,求解结构框架如图 4-2 所示。

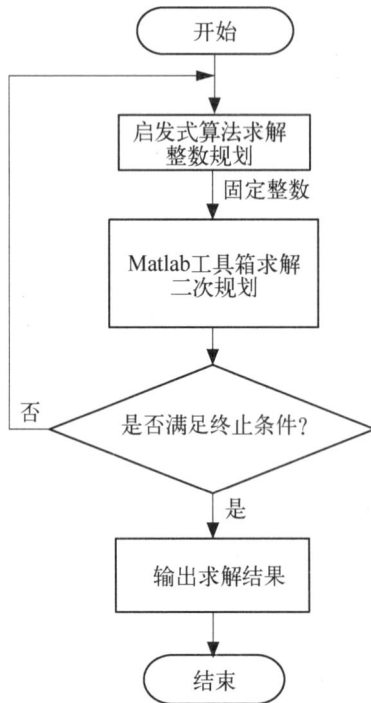

图 4-2 MINLP 的双层嵌套求解结构

在双层嵌套求解结构中,由于二次规划可以利用 Matlab Optimization Toolbox 中的积极集法直接求解,因而问题的关键在于如何确定整数变量。启发式搜索算法最早就是针对组合优化命题提出来的,并在组合优化中得到了广泛应用,因此比较适合用于整数搜索。为此,本书研究了一个**基于粒子群优化(particle swarm optimization, PSO)**算法的双层嵌套求解算法,利用 PSO 的快搜索能力进行整数优化并通过"近似淘汰"法则避免粒子陷入局部最优,再结合内层的二次规划进行迭代嵌套,对 MINLP 问题进行求解。

PSO 算法因其算法简单,易于实现,搜索速度快和效率高等近年来受到了广泛关注[128~130]。PSO 最早起源于对鸟群觅食行为的研究,采用速度-位置模型进行搜索。在 PSO 算法中,一个由若干个粒子组成的群体在 D 维搜索空间中以一定的速度飞行,每个粒子在搜索时,考虑到了自己搜索到的历史最好点以及群体粒子的最好点,并以此为基础进行位置变化。粒子速度和位置更新方程如下:

$$v_{i, D}(k+1) = \omega v_{i, D}(k) + \vartheta_1 \xi(p_{i, D}(k) - x_{i, D}(k)) + \vartheta_2 \eta(p_{g, D}(k) - x_{i, D}(k))$$
$$(4-23)$$

$$x_{i, D}(k+1) = x_{i, D}(k) + v_{i, D}(k+1) \tag{4-24}$$

式中,$v_{i, D}(k+1)$ 为第 i 个粒子在 $k+1$ 时刻的速度;ω 为惯性权重;ϑ_1、ϑ_2 为学习因子,使粒子具有自我总结和向群体优秀个体学习的能力;ξ、η 为 $[0,1]$ 内分布的随机数;$p_{i, D}$ 为第 i 个粒子历史经过的最好位置;$p_{g, D}$ 为群体所有粒子历史经过的最好位置。

由此可见,粒子速度的更新主要由三部分作用组成:粒子自身飞行的惯性作用,保证粒子的基本飞行;自我总结的部分,表示粒子总是向自己曾经找到的最好点靠近;向社会学习的部分,使粒子在飞行时向群体内所有粒子找到的最好点靠近[128]。

由于 PSO 无需编码就可直接进行实数优化,使得初期在连续优化命题中应用得相当广泛,但通过一定的变形和改进后可用于离散优化命题上,加上其计算简单、快搜索能力使得其性能超过了其他一些启发式算法。

在本章待求解的整数优化命题中,只有一个离散优化变量 n,因而我们可以采取二进制编码的方式[131]直接对其进行编码,编码长度代表了该整数值的取值范围。

针对整数搜索,粒子的速度和位置更新方式为

$$v_{i, D}(k+1) = \omega v_{i, D}(k) + \vartheta_1 \xi(p_{i, D}(k) - x_{i, D}(k)) + \vartheta_2 \eta(p_{g, D}(k) - x_{i, D}(k))$$
$$(4-25)$$

$$S(v_{i, D}(k+1)) = \frac{1}{1 + e^{-v_{i, D}(k+1)}} \tag{4-26}$$

$$x_{i, D}(k+1) = \begin{cases} 1, & random < S(v_{i, D}(k+1)) \\ 0, & 其他 \end{cases} \tag{4-27}$$

式中，$random$ 表示[0,1]之间的随机数，这里的粒子速度依旧为连续量，但是通过式(4-26)将其转化为 0～1 之间的数。通过对比式(4-26)的值与产生的随机数，决定该粒子的取值。

在确定好每个粒子的值后，若相应的 QP 问题有最优解，求出其目标函数的值，若相应的 QP 问题找不到最优解，则可以把目标函数取为某个极大值。而粒子的适应值则可以通过对目标函数求倒数得到：

$$f(x_{i,D}) = \frac{1}{f_{QP}} \qquad (4-28)$$

式中，$f(x_{i,D})$ 为粒子 x_i 的适应值；f_{QP} 为对应二次规划的目标函数值。

根据粒子的适应值更新粒子的历史最优位置以及群体历史最优位置。依照式(4-25)～式(4-27)对粒子的速度和位置进行更新，重复上述动作，直至终止条件满足。

考虑到离散粒子群算法存在一定的冗余，为提高算法后期搜索效率，在种群的多样性下降到一定程度时对粒子群进行一定的"近似淘汰"法则：当两个粒子的适应值相近时，随机删除其中一个粒子，并用历史群体最好粒子的变异粒子（随机选择历史群体最好粒子的两个编码位进行交叉）来代替。这样既有利于跳出局部最优，又使粒子在群体经验的基础上继续进行搜索。

$$D_y = \sqrt{\frac{1}{l_p} \sum_{i=1}^{l_p} \left(f(x_{i,D}) - \frac{\sum_{i=1}^{l_p} f(x_{i,D})}{l_p} \right)^2} \qquad (4-29)$$

式中，D_y 表示粒子群的多样性，以粒子适应值的标准差表征；l_p 为粒子种群规模。

当 $D_y < \alpha$ 时，若 $f(x_i) - f(x_j) \leqslant f_{similar}$，进行"近似淘汰"法则，随机选择其中一个粒子进行替换：

$$\begin{cases} x_i = x_{rp} & random < \lambda_r \\ x_j = x_{rp} & random \geqslant \lambda_r \end{cases} \qquad (4-30)$$

式中，λ_r 为参数；置换粒子 x_{rp} 的选择则是通过对历史群体最好粒子中的两个编码位进行随机交叉得到。

综上，求解步骤如下：

步骤 1：根据离散变量的取值范围对粒子群的速度和位置进行随机二进制编码，初始化每个粒子的历史最好解，群体历史最好解。

步骤 2：基于每个粒子，利用积极集法求取相应的 QP 问题(式(4-21)、式(4-22))，根据 QP 的求解情况计算每个粒子的适应值：若 QP 问题有最优解，则根据式(4-21)求取相应的目标函数值;若 QP 问题无最优解,则把相应的目标函数设为某个极大值,通过对目标函数取倒数得到对应粒子的适应值。

步骤 3: 通过对适应值进行比较,更新每个粒子的历史最好解、群体历史最好解,并记录与之对应的 QP 问题的解。

步骤 4: 对每个粒子按照式(4-25)~式(4-27)进行速度、位置更新。

步骤 5: 计算种群的多样性 D_y,若 $D_y < \alpha$,转到步骤6,否则跳到步骤7。

步骤 6: 判断各粒子是否存在 $f(x_i) - f(x_j) \leqslant f_{similar}$,若存在,随机删除其中一个粒子,并以群体历史最好粒子的变异粒子(随机选择两个编码位进行交叉)去替换。

步骤 7: 判断终止条件,若未达到,转到步骤2,否则转到步骤8。

步骤 8: 选择群体历史最优粒子及与之对应 QP 问题的解作为该 MINLP 问题的解。

综上,针对快速接近控制模式的 MINLP 命题,本节探讨了一种基于 PSO 的双层嵌套求解算法对其进行求解:外层采用粒子群算法搜索最优整数,并利用"近似淘汰"法则提高种群的多样性,避免粒子陷入局部最优;当整数变量固定后,内层转化为一个标准的二次规划,利用 Matlab Optimization Toolbox 中的积极集法进行求解,求解结果再交予外层以进行下次整数搜索,这样不断嵌套迭代,直至满足终止条件。通过将原 MINLP 问题分解为一个整数规划和一个二次规划命题,该嵌套算法降低了求解复杂度,有利于提高求解效率。

4.4 仿 真 分 析

考虑到该双模式多目标 ACC 系统上层控制算法由快速接近模式和平稳跟车模式组成,而其中的平稳跟车模式采用的是第 3 章提出的控制算法,并在第 3 章中已通过仿真实验验证了有效性。因而,在本节的仿真实验中,着重对快速接近模式的动态特性和两个模式间的切换性能进行分析,选择能够覆盖两个控制模式的交通场景作为仿真实验条件。在 5 种典型的交通场景(跟车、换道插入、换道离开、远处接近、急刹车)中,跟车场景主要考察的是车辆近距离的平稳跟车特性,而急刹车场景则主要考察了近距离(危险情况)下前车突然急刹车时本车的避撞能力,因而这两个场景均无法覆盖到双模式中的快速接近控制模式,也就不能有效地对双模式 ACC 控制算法进行验证。为此,这里主要针对另外三种典型的交通场景:换道插入、换道离开、远处接近,分别对双模式多目标 ACC 系统算法(下文简写为 ACC_Two mode)、单模式 PID 算法(ACC_PID)以及普通的单模式 MPC 算法(ACC_MPC)进行仿真对比,仿真初始条件同第 2 章。此外,由于本章的主要研究内容为 ACC 的上层控制算法,下层控制算法不在考虑中,因而在进行仿真实验时,和第 3 章一样,假设下层控制策略已经设计良好(well_designed)。

在仿真试验中,双模式 ACC 系统控制算法的参数分别为:$T_s=0.2$ s,$\tau=0.5$ s,$d_0=7$ m,$d_c=5$ m,$v_{min}=0$ m/s,$v_{max}=40$ m/s,$a_{min}=-5.5$ m/s^2,$a_{max}=2.5$ m/s^2,$j_{min}=-2$m/s^3,$j_{max}=2$ m/s^3,$u_{min}=-5.5$ m/s^2,$u_{max}=2.5$ m/s^2,$\rho_a=\rho_j=0.94$,$p_{fast}=40$,$m_{fast}=25$,$S_{fast}=1$,$\boldsymbol{Q}_{fast}=\mathrm{diag}(1,1)$,$R_{fast}=0.8$,$\omega=0.7$,$v_{D,\ max}=6$,$\alpha=0.1$,$f_{similar}=0.5$,$\vartheta_1=2$,$\vartheta_2=2$。

场景 1:换道插入(cut in)

在换道插入场景下,对应的 ACC_PID,ACC_MPC 和 ACC_Two mode 的仿真结果如图 4-3 所示,各算法的 ACC 系统车辆在行驶过程中 jerk 绝对值的平均值(舒适度指标),以及通过 CMEM 模型[108]计算出来的油耗量如表 4-1 所示。

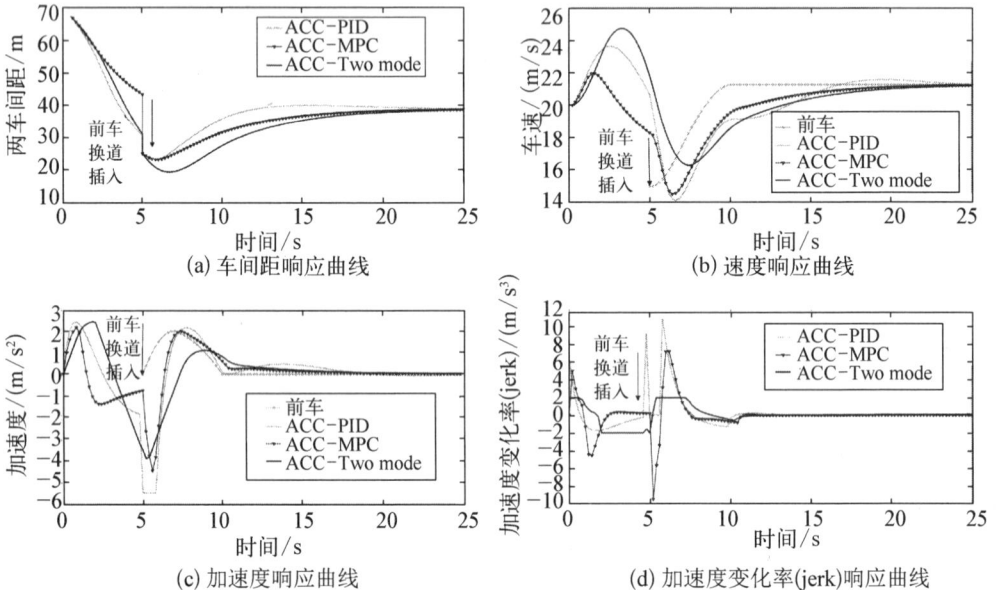

(a) 车间距响应曲线　　(b) 速度响应曲线

(c) 加速度响应曲线　　(d) 加速度变化率(jerk)响应曲线

图 4-3　换道插入场景下 ACC_PID,ACC_MPC,ACC_Two mode 控制算法的仿真曲线

一般来说,引起邻近车道车辆换道插入本车道的主要原因是本车道有充足的车间距,所以在该场景的初始时刻,由于车间距远大于期望值,双模式 ACC 系统算法采用快速接近控制模式,模拟驾驶员的行驶心理,以较大的加速行为快速接近前车,并在快速接近的过程中保证了行驶的安全性和舒适性,对应 jerk 的幅值始终保持在驾驶员的感知界限内。在 $t=5$ s 时,邻近车道的车辆换道插入到本车的前方,车载传感器检测到和前车的车间距瞬间变为 25 m,这时双模式 ACC 系统算法立

表 4-1　换道插入场景下 ACC_PID, ACC_MPC, ACC_Two mode
控制算法的舒适度指标及油耗量

	ACC_PID	ACC_MPC	ACC_Two mode
jerk 绝对值的平均值/(m/s³)	0.645	0.614 (4.8%)	0.397 (38.45%)
油耗量/g	72.245	66.228 (8.33%)	62.172 (13.94%)

注：(1) 表格中对舒适度指标和油耗量的统计时间段是从仿真初始时刻开始，到 ACC 系统进入稳态为止；(2) 括号中的数据是以 ACC_PID 算法(第一列数据)为基准，相应算法在各指标上的改善幅度(%)，因而正数代表性能的改善，负数代表性能的衰退。

即切换到平稳跟车控制模式，在避免碰撞的同时，对前车从容舒适地跟车。由图 4-2(b)~(d)可知，在模式切换过程中，双模式 ACC 系统算法的速度、加速度响应并未发生振荡和抖动，响应曲线较为平滑，并且在整个行驶过程中保证了乘坐的舒适性。而单模式 PID 算法和 MPC 算法在仿真初始时刻并没有体现出驾驶员的行驶习惯。此外，根据表 4-1 对各算法的舒适度指标(jerk 绝对值的平均值)和油耗量的计算，可以看出，双模式 ACC 系统算法有效地改善了乘坐舒适度和燃油经济性。由此可见，在换道插入场景，双模式 ACC 系统算法充分体现了驾驶员的行驶习惯，通过模拟驾驶员的心理根据行车环境选择不同的行车策略，有效避免了因换道插入而可能造成的碰撞，保证了行驶的安全，改善了行驶过程中的舒适性和燃油经济性。

场景 2：换道离开(cut out)

在该场景下，ACC_PID、ACC_MPC 以及 ACC_Two mode 的仿真结果如图 4-4 所示，各算法对应的 ACC 系统车辆在行驶过程中 jerk 绝对值的平均值，以及通过 CMEM 模型计算出来的油耗量如表 4-2 所示。

由图 4-4 的仿真结果可知，在换道离开场景下，初始时刻由于 ACC 车辆处于稳定行驶状态，因而双模式 ACC 系统算法采用平稳跟车模式，匀速稳定地对前车跟车。在 $t=5$ s 时，前车突然换道驶离本车道，导致前车变为另一车辆，传感器检测到的车间距也瞬间变大，此时双模式 ACC 系统算法模拟驾驶员的行驶心理将系统切换到快速接近模式，以较大的加速度(幅值 2.49 m/s²)快速接近前车并将车间距调整至期望值。伴随着车间距和车速的不断调整，继续采取快速接近策略将引发交通事故，因而双模式 ACC 系统算法及时切换到平稳跟车控制模式，安全、平稳、舒适地跟踪前车。如图 4-4 所示，在三种算法中，双模式 ACC 系统算法充分体现了驾驶员的行驶特性，表现出了最好的间距响应曲线，不仅快速地将车间距调整至期望值，而且没有发生超调。此外，在间距调整的过程中，双模式 ACC 系统算法的速度和加速度响应也较为平滑，并未因模式切换而发生抖动与振荡。根据表

4-2对舒适度指标以及油耗量的计算所示：相比于单模式 PID 算法和普通 MPC 算法，双模式 ACC 算法在舒适度和油耗性能上均有不同程度的改善。因而可以得出结论：在换道离开场景下，双模式 ACC 系统算法较好地反映了驾驶员的行驶习惯，在换道离开发生初期，采用快速接近模式在保证安全舒适的前提下，快速接近前车，避免因过大的车间距而导致邻近车道的车辆换道插入，提高了跟车效率；而当车间距调整至期望值附近时，ACC 系统切换到平稳跟车模式，平稳舒适地跟踪前车，并在整个行驶过程中采取了较为平滑的动态响应，并未因模式切换而发生任何的振荡抖动，因而提供了比单模式 PID 算法和普通 MPC 算法更优越的乘坐舒适度和油耗性。

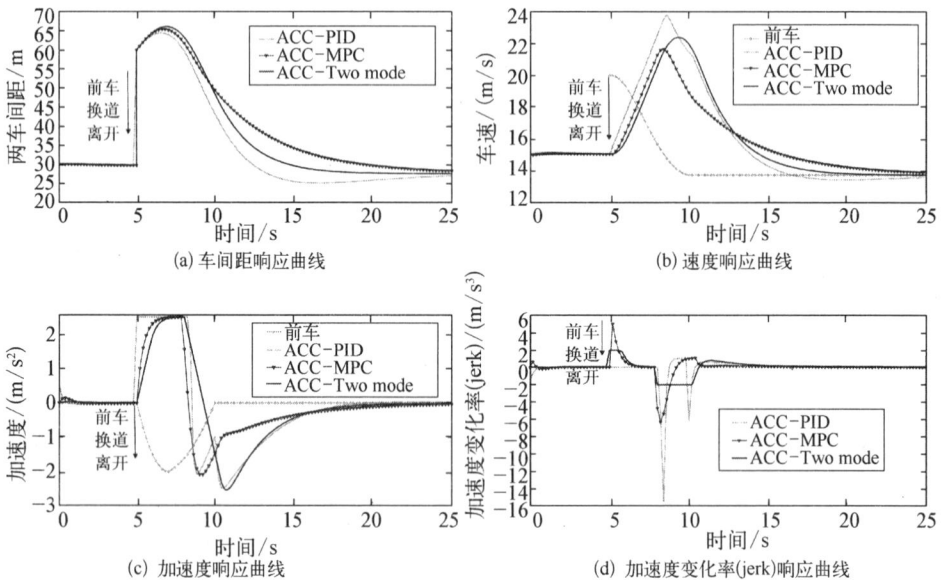

图 4-4　换道离开场景下 ACC_PID，ACC_MPC，ACC_Two mode 控制算法的仿真曲线

表 4-2　换道离开场景下 ACC_PID，ACC_MPC，ACC_Two mode
控制算法的舒适度指标及油耗量

	ACC_PID	ACC_MPC	ACC_Two mode
jerk 绝对值的平均值/(m/s³)	0.342	0.348 (−1.75%)	0.229 (33.04%)
油耗量/g	45.377	43.065 (5.1%)	38.513 (15.12%)

注：(1) 表格中对舒适度指标和油耗量的统计时间段是从仿真初始时刻开始，到 ACC 系统进入稳态为止；(2) 括号中的数据是以 ACC_PID 算法（第一列数据）为基准，相应算法在各指标上的改善幅度(%)，因而正数代表性能的改善，负数代表性能的衰退。

场景 3：远处接近前车(approaching)

在该场景下，ACC_PID、ACC_MPC 以及 ACC_Two mode 的仿真结果如图 4-5 所示，各算法对应的 ACC 系统车辆在行驶过程中 jerk 绝对值的平均值，以及通过 CMEM 模型计算出来的油耗量如表 4-3 所示。

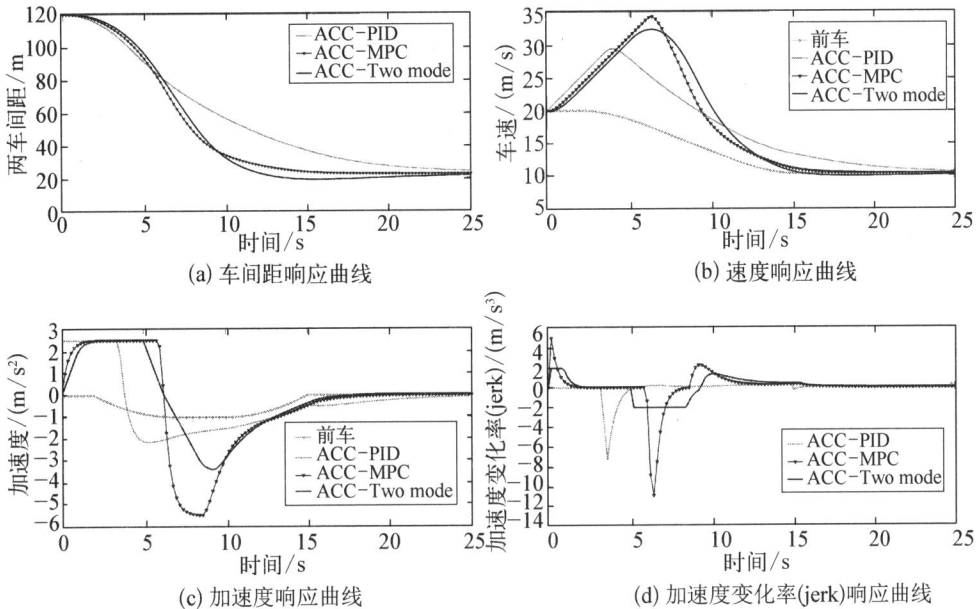

(a) 车间距响应曲线 (b) 速度响应曲线

(c) 加速度响应曲线 (d) 加速度变化率(jerk)响应曲线

图 4-5 远处接近前车场景下 ACC_PID，ACC_MPC，ACC_Two mode 控制算法的仿真曲线

表 4-3 远处接近前车场景下 ACC_PID，ACC_MPC，ACC_Two mode 控制算法的舒适度指标及油耗量

	ACC_PID	ACC_MPC	ACC_Two mode
jerk 绝对值的平均值/(m/s³)	0.314	0.379（-20.7%）	0.301（4.14%）
油耗量/g	54.084	60.61（-11.09%）	49.513（8.45%）

注：(1) 表格中对舒适度指标和油耗量的统计时间段是从仿真初始时刻开始，到 ACC 系统进入稳态为止；(2) 括号中的数据是以 ACC_PID 算法(第一列数据)为基准，相应算法在各指标上的改善幅度(%)，因而正数代表性能的改善，负数代表性能的衰退。

如图 4-5 所示，在远处接近前车场景下，ACC 系统车辆以一个较远的车间距(120 m)逐渐靠近前车。在接近前车的初始时刻，单模式 PID 算法的加速行为比较保守，无法体现驾驶员此时的心理；而普通 MPC 算法则采取了较为剧烈的加速行为，虽然一定程度上反映了驾驶员的行驶习惯，但使得加速过程中的 jerk 值达到了 5 m/s³,降低了乘坐舒适度。而双模式 ACC 系统算法不仅充分模拟了此时的驾驶员心理,采取了快速接近的策略尽快地缩小两车间距(最大速度达到了 32. 35 m/s),而且舒适度指标 jerk 从未超过乘客的感知阈值 2 m/s³,很好地保证了行驶的舒适度。伴随着车间距的不断缩小,三种控制算法逐渐采取减速行为,在保证安全行驶的同时,跟随前车的速度变化趋势。由于之前的剧烈加速,普通 MPC 算法采取了更为剧烈的刹车来调整本车状态,而双模式 ACC 系统算法切换到了平稳跟车模式,安全、舒适、平稳地跟踪前车。根据表 4 - 3 对舒适度指标以及油耗量的统计,可以清楚地看出:相比于单模式 PID 算法和 MPC 算法,双模式 ACC 系统控制算法在乘坐舒适度和燃油经济性方面都有不同程度的改善。

综上,通过多个典型交通场景的仿真实验,对双模式的 ACC 系统上层控制算法进行了分析,并与单模式的 PID 算法和 MPC 算法进行了比较。仿真结果表明:该双模式 ACC 系统算法能根据不同行驶环境选择不同的行车策略,有效地模拟了驾驶员的行驶习惯:在两车间距处于期望值附近时,采取平稳跟车模式,有效避撞的同时改善了乘坐舒适度和燃油经济性;当两车间距远大于期望值时,通过采取快速接近模式,在保证安全的前提下快速接近前车;而基于模糊推理的模式切换逻辑有效地模拟了驾驶员的心理决策过程,保证了两个控制模式间的平滑过渡。

4.5 本 章 小 结

本章利用 MPC 的框架研究了一个考虑驾驶员行驶特性的双模式 ACC 系统上层控制算法。当两车间距处于期望值附近时,该双模式 ACC 系统控制算法采用平稳跟车模式,利用第 3 章提出的多目标 ACC 系统算法,安全、平稳、舒适地跟踪前车;一旦车间距远大于期望值时,该策略切换到快速接近模式,设计了一个时间最优的多目标 MPC 算法,将其转化为一个在线的 MINLP 命题,并设计了一种基于 PSO 的双层嵌套算法对其进行有效求解。为了使 ACC 系统在快速接近模式和平稳跟车模式间平滑切换,通过总结驾驶员的日常行驶习惯,利用模糊推理制定了不同模式的切换规则。最后通过对多个典型场景的交通仿真实验,证实了该双模式 ACC 系统算法既能保证行驶过程中的安全性、跟车性、舒适性和燃油经济性等多个控制目的,又能充分反映驾驶员的行驶心理,有效避免了道路乱插队现象的发生,因而有利于提高驾驶员对 ACC 系统的满意度,提高 ACC 系统的使用率。

5 执行机构优化切换的多目标 ACC 系统一体化控制算法研究

5.1 引　　言

作为一种驾驶辅助系统,ACC 系统通过车载传感器感知前方行驶环境,并自动控制相应的油门驱动或刹车制动执行机构,使得车辆在行驶过程中满足各种控制目的。油门驱动和刹车制动执行机构之间的切换控制是 ACC 系统中控制系统的一个重要环节,频繁的执行器切换会带来车辆零部件的严重磨损、乘坐舒适度的降低、油耗的增加以及 ACC 系统使用率的下降。因此,如何在设计 ACC 系统控制策略时充分考虑不同执行机构间的切换性能具有重要的意义。

如绪论所述,现有的 ACC 系统大多采用分层控制结构,即上层控制针对车间相互纵向运动学特性,根据外界的行驶环境决定期望的纵向加速度;下层控制则以油门驱动和刹车制动执行器特性为控制对象,通过采取一定的节气门开度角和刹车制动压力控制对应的执行机构,使车辆最终所表现出来的加速度和上层得到的期望加速度一致,因而主要包括不同执行器的切换逻辑以及对各执行机构的控制算法设计。在这种分层控制结构下,现有的研究大多采用阈值逻辑根据上层得到的期望加速度决定执行器的切换规则:当上层得出的期望加速度大于某个临界值时,采用油门驱动控制,反之则采用刹车制动控制[73~75]。可见,这种分层控制结构将执行机构的切换逻辑设计和针对车辆行驶响应的控制设计分离,无法在设计控制策略的同时对执行器间的切换性能进行有效优化,容易引发不同执行机构的频繁切换,增大机械零部件的磨损、降低使用寿命、降低乘坐舒适度和燃油经济性[132]。

为此,本章采用了一种执行机构优化切换的一体化 ACC 系统控制结构。在该控制结构下,首先通过结合油门驱动、刹车制动执行机构特性以及车间相互纵向运动学特性,建立了基于逻辑变量的 ACC 系统一体化控制模型;接着在该模型基础上设计了一个执行机构优化切换的多目标 ACC 系统一体化控制策略,在 MPC 的框架下最终将控制策略设计转化为一个带约束的混合整数非线性规划问题,并利用第 4 章提出的基于粒子群的分层嵌套求解算法将该问题分解为一个整数规划和一个二次规划,从而快速有效地对其进行求解;最后对多个典型的交通场景进行了仿真试验,并通过与经典的阈值切换分层控制策略对比,验证了该优化切换策略的有效性。

5.2 ACC 系统的一体化控制结构

为了在设计 ACC 系统控制策略时充分考虑不同执行机构的切换特性,需要将油门驱动、刹车制动执行器的动力特性和车间相互纵向运动学特性相结合,视作系统的控制模型,在满足 ACC 系统道路行驶目标的同时,对执行结构的切换控制进行优化。基于此,本书采用了一种油门/刹车优化切换的车辆 ACC 系统一体化控制结构,如图 5-1 所示。

区别于现有的分层控制结构,该控制结构根据当前行驶环境以及行驶目的直接决定执行器的切换规则(即什么时候采用什么执行器)以及对应执行器的控制输入量,因而使得对车间相互纵向运动学的控制和对执行器的切换控制融合在一起,加强了各控制模块间的联系。在设计 ACC 系统控制策略的过程中,可以结合对行驶目的的优化和对车辆自身执行机构的切换特性进行优化,从而能在满足车辆行驶过程中的安全性、跟车性、舒适性、节油性等多个控制目的的同时,兼顾对车辆执行结构的切换特性和输入特性的优化,因而更直接、更高效。

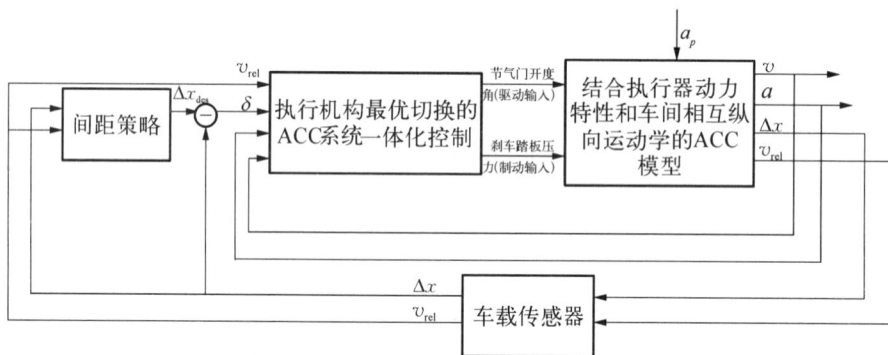

图 5-1 执行机构优化切换的车辆 ACC 系统一体化控制结构

5.3 基于逻辑变量的 ACC 系统一体化模型

为了设计执行机构优化切换的多目标 ACC 系统一体化控制策略,建立对应的系统模型是第一步。如图 5-1 所示的控制结构图,被控对象为结合油门驱动/刹车制动执行器特性和车间相互纵向运动学的 ACC 系统一体化模型。因而在本节中,首先通过引入逻辑二进制变量表征油门驱动、刹车制动机构的工作状态,并加入相应的逻辑不等式约束将原本独立的执行器特性统一到一个模型框架内,接着再与车间相互纵向运动学结合,得到车辆 ACC 系统的一体化模型。

5.3.1　基于逻辑变量的执行机构模型

在本章中,考虑 Beak 等人提出的节气门和刹车制动模型[133],该模型较好地反映油门驱动和制动执行机构的动力特性,并通过忽略发动机以及轮胎的转动惯量,假设液力变矩器为锁止型来降低模型的复杂度,为控制器的设计提供了方便:

油门驱动模型:

$$m_{\mathrm{car}}\dot{v} = \frac{R_{\mathrm{g}}}{h_{\mathrm{r}}}T_{\mathrm{e}} - k_{\mathrm{roll}}m_{\mathrm{car}}g - \frac{1}{2}k_{\mathrm{air}}S_{\mathrm{front}}\rho_{\mathrm{air}}v^2 - m_{\mathrm{car}}g\sin\theta \qquad (5-1)$$

刹车制动模型:

$$m_{\mathrm{car}}\dot{v} = -\frac{T_{\mathrm{b,\,max}}}{h_{\mathrm{r}}}\beta - k_{\mathrm{roll}}m_{\mathrm{car}}g - \frac{1}{2}k_{\mathrm{air}}S_{\mathrm{front}}\rho_{\mathrm{air}}v^2 - m_{\mathrm{car}}g\sin\theta \qquad (5-2)$$

式中,m_{car} 为 ACC 系统车辆的质量;v 为行驶速度;R_{g} 代表有效减速比;T_{e} 为发动机扭矩;h_{r} 为有效转动半径;k_{roll} 为转动阻力系数;g 为重力加速度;k_{air} 为空气阻力系数;S_{front} 代表车辆前部分与空气接触的有效面积;ρ_{air} 为空气密度;θ 为道路倾斜角;$T_{\mathrm{b,\,max}}$ 代表最大刹车转矩;β 为刹车踏板的位置[％]。

该模型将发动机扭矩作为驱动装置的输入,刹车踏板位置作为制动执行机构的输入。然而对真车而言,油门驱动装置的输入一般为节气门开度角 $\alpha_{\mathrm{throttle}}$,对应特性通常可用下式表示:

$$\alpha_{\mathrm{throttle}} = TC^{-1}\left[\frac{\dot{m}_{\mathrm{a0}}(w_{\mathrm{e}},\,P_{\mathrm{md}})}{MAX \cdot PRI(P_{\mathrm{m}}/P_{\mathrm{a}})}\right] \qquad (5-3)$$

式中,TC 为关于节气门开度角的非线性模型;m_{a0} 为进入燃烧室的空气质量;w_{e} 为发动机的角速度;P_{md} 是关于 α 和 w_{e} 的一个非线性函数,通常采用查表形式;MAX 为当发动机节气门开度为最大时的空气流率;PRI 是一个关于压力的函数;P_{m} 为进气管的压力;P_{a} 为大气压力。

可见,节气门特性式(5-3)具有高度的非线性和复杂性,一旦与动力传动系相连,将对应着多个输入输出通道,并且其中部分模型是不公开的。因此,在目前多数研究中通常采用查表方式得到对应的节气门开度角[132, 133]:

$$\alpha_{\mathrm{throttle}} = T_{\mathrm{map}}^{-1}(T_{\mathrm{e}},\,w_{\mathrm{e}}) \qquad (5-4)$$

式中，T_{map} 为关于发动机扭矩 T_e 和发动机角加速度 w_e 的经验表格。

考虑到目前文献大多采用上述这种查表的方式根据发动机的扭矩得到需要的输入节气门开度角，而无可用的数学模型表达式，这对直接采用节气门开度角作为驱动输入来设计控制算法非常不利。为此，本章选取发动机扭矩 T_e 作为油门驱动装置的输入，刹车踏板位置 β 作为制动输入，进行控制策略的设计。

油门驱动和刹车制动对应着两个不同的执行机构，并且通常不能同时作用。为了将两者的动力特性统一到一个模型框架内，引入两个逻辑二进制变量 ζ_1 和 ζ_2，分别代表油门驱动和刹车制动装置的工作状态，将模型式(5-1)和式(5-2)合成为一个模型表达式，同时为了表征油门和刹车踏板不能同时起作用，加入逻辑变量的不等式约束：

$$a = \frac{R_g}{m_{car}h_r}\zeta_1 T_e - \frac{T_{b,max}}{m_{car}h_r}\zeta_2\beta - \frac{1}{2m}m_{car}k_{air}S_{front}\rho_{air}v^2 - k_{roll}g - g\sin\theta$$

$$(5-5)$$

$$\begin{cases} \zeta_1 \in \{0,\ 1\} \\ \zeta_2 \in \{0,\ 1\} \\ \zeta_1 + \zeta_2 \leqslant 1 \end{cases} \quad (5-6)$$

式中，ζ_1 和 ζ_2 为二进制变量；1 代表工作(激活)状态；0 代表空闲状态。$\zeta_1 + \zeta_2 \leqslant 1$ 表征在同一时刻，最多只有油门(或刹车)一个执行机构工作。

由于实际车辆中总是存在一定的惯性环节，因此可把式(5-5)改写为

$$\tau_a \dot{a} + a = \frac{R_g}{m_{car}h_r}\zeta_1 T_e - \frac{T_{b,max}}{m_{car}h_r}\zeta_2\beta - \frac{1}{2m_{car}}k_{air}S_{front}\rho_{air}v^2 - k_{roll}g - g\sin\theta$$

$$(5-7)$$

式中，τ_a 为惯性时间常数，这里假设油门驱动和刹车执行器的时间常数相同。

综上，式(5-6)和式(5-7)即为车辆 ACC 系统的油门驱动执行器和刹车制动执行器的统一模型。通过引入逻辑二进制变量并加入逻辑不等式约束，将原本独立的油门驱动、刹车制动特性统一到一个模型框架内。

5.3.2　执行器特性与车间纵向运动学相结合的 ACC 系统一体化模型

车间相互纵向运动学模型已在第 3 章讨论过，这里不再详述。将 5.3.1 节中的执行器特性与两车相互纵向运动学特性结合，并假设 ACC 系统车辆在行驶过程中的道路坡度始终为 0，得到如下离散形式的表达式：

$$\Delta x(k+1) = \Delta x(k) + v_{\mathrm{rel}}(k) T_{\mathrm{s}} + \frac{1}{2} a_{\mathrm{p}}(k) T_{\mathrm{s}}^2 - \frac{1}{2} a(k) T_{\mathrm{s}}^2 \tag{5-8}$$

$$v(k+1) = v(k) + a(k) T_{\mathrm{s}} \tag{5-9}$$

$$v_{\mathrm{rel}}(k+1) = v_{\mathrm{rel}}(k) + a_{\mathrm{p}}(k) T_{\mathrm{s}} - a(k) T_{\mathrm{s}} \tag{5-10}$$

$$a(k+1) = -\frac{T_{\mathrm{s}}}{2\tau m_{\mathrm{car}}} k_{\mathrm{air}} S_{\mathrm{front}} \rho_{\mathrm{air}} v(k)^2 + \left(1 - \frac{T_{\mathrm{s}}}{\tau}\right) a(k) +$$

$$\frac{T_{\mathrm{s}} R_{\mathrm{g}}}{\tau m_{\mathrm{car}} h_{\mathrm{r}}} \zeta_1 T_{\mathrm{e}} - \frac{T_{\mathrm{s}} T_{\mathrm{b,\,max}}}{\tau m_{\mathrm{car}} h_{\mathrm{r}}} \zeta_2 \beta - \frac{T_{\mathrm{s}}}{\tau} k_{\mathrm{roll}} g \tag{5-11}$$

$$j(k+1) = -\frac{1}{2 m_{\mathrm{car}} \tau} k_{\mathrm{air}} S_{\mathrm{front}} \rho_{\mathrm{air}} v(k)^2 - \frac{1}{\tau} a(k) +$$

$$\frac{R_{\mathrm{g}}}{\tau m_{\mathrm{car}} h_{\mathrm{r}}} \zeta_1 T_{\mathrm{e}} - \frac{T_{\mathrm{b,\,max}}}{\tau m_{\mathrm{car}} h_{\mathrm{r}}} \zeta_2 \beta - \frac{1}{\tau} k_{\mathrm{roll}} g \tag{5-12}$$

选取两车间距、本车速度、两车相对速度、本车加速度以及本车加速度变化率 jerk 作为 ACC 系统的状态变量：

$$x(k) = \left[\Delta x(k), \ v(k), \ v_{\mathrm{rel}}(k), \ a(k), \ j(k) \right]^{\mathrm{T}}$$

将前车的加速度视为 ACC 系统的扰动 w，整理得到执行器特性和车间纵向运动学相结合的 ACC 系统一体化控制模型：

$$\boldsymbol{x}(k+1) = f_{\mathrm{sw}}(\boldsymbol{x}(k)) + \boldsymbol{B}_{\mathrm{sw1}} \zeta_1(k) u_1(k) + \boldsymbol{B}_{\mathrm{sw2}} \zeta_2(k) u_2(k) + \boldsymbol{G}_{\mathrm{sw}} w(k) + \boldsymbol{Z}_{\mathrm{sw1}} \tag{5-13}$$

s. t

$$\begin{cases} \zeta_1(k) \in \{0, 1\} \\ \zeta_2(k) \in \{0, 1\} \\ \zeta_1(k) + \zeta_2(k) \leqslant 1 \end{cases} \tag{5-14}$$

$$f_{\mathrm{sw}}(\boldsymbol{x}(k)) = \begin{bmatrix} \boldsymbol{x}_1(k) + T_{\mathrm{s}} \boldsymbol{x}_3(k) - 0.5 T_{\mathrm{s}}^2 \boldsymbol{x}_4(k) \\ \boldsymbol{x}_2(k) + T_{\mathrm{s}} \boldsymbol{x}_4(k) \\ \boldsymbol{x}_3(k) - T_{\mathrm{s}} \boldsymbol{x}_4(k) \\ -\dfrac{T_{\mathrm{s}}}{\tau} c_3 \boldsymbol{x}_2^2(k) + \left(1 - \dfrac{T_{\mathrm{s}}}{\tau}\right) \boldsymbol{x}_4(k) \\ -\dfrac{1}{\tau} c_3 \boldsymbol{x}_2^2(k) - \dfrac{1}{\tau} \boldsymbol{x}_4(k) \end{bmatrix}, \ \boldsymbol{B}_{\mathrm{sw1}} = \begin{bmatrix} 0 \\ 0 \\ 0 \\ \dfrac{T_{\mathrm{s}}}{\tau} c_1 \\ \dfrac{1}{\tau} c_1 \end{bmatrix},$$

$$\boldsymbol{B}_{sw2} = \begin{bmatrix} 0 \\ 0 \\ 0 \\ -\dfrac{T_s}{\tau}c_2 \\ -\dfrac{1}{\tau}c_2 \end{bmatrix}, \boldsymbol{G}_{sw} = \begin{bmatrix} 0.5T_s^2 \\ 0 \\ T_s \\ 0 \\ 0 \end{bmatrix}, \boldsymbol{Z}_{sw1} = \begin{bmatrix} 0 \\ 0 \\ 0 \\ -\dfrac{T_s}{\tau}c_4 \\ -\dfrac{1}{\tau}c_4 \end{bmatrix},$$

$$w(k) = a_p(k), \ u_1(k) = T_e(k), \ u_2(k) = \beta(k),$$

$$c_1 = \frac{R_g}{m_{car}h}, \ c_2 = \frac{T_{b,\,max}}{m_{car}h}, \ c_3 = \frac{k_{air}S_{front}\rho_{air}}{2m_{car}}, \ c_4 = k_{roll}g$$

由式(5-13)和式(5-14)所示,该 ACC 系统的非线性一体化控制模型通过逻辑变量和逻辑不等式约束将不同执行机构的动特性统一在一个模型框架内,并结合了车间相互纵向运动学特性,表征了 ACC 系统的整体动态特性。

5.4　执行机构优化切换的多目标 ACC 系统一体化控制算法

本节在 MPC 的框架下设计了执行机构优化切换的多目标一体化 ACC 系统控制策略,在满足车辆行驶过程中的安全性、跟车性、舒适性、节油性等多个目标的同时,对车辆不同执行器的切换性能进行有效优化。

5.4.1　控制需求分析

对于车辆 ACC 系统控制系统来说,无论采取何种控制策略,安全跟车是最基本的道路行驶目标,即通过调整车速保证一个安全的车间距行驶,并且在此过程中避免本车与前车发生碰撞。这和第 3 章、第 4 章的考虑是一致的。

$$目标: \delta(k) \to 0, \ v_{rel}(k) \to 0, \ 当 k \to \infty 时 \tag{5-15}$$

$$约束条件: \Delta x(k) \geqslant d_c \tag{5-16}$$

此外,为改善乘坐舒适度,需要在行驶过程中对舒适度性能指标——加速度及 jerk 进行优化:

$$目标: \begin{cases} \min |a(k)| \\ \min |j(k)| \end{cases} \tag{5-17}$$

因而,定义车辆 ACC 系统关于道路行驶的性能指标 $\boldsymbol{y}_{sw}$ 为

$$\boldsymbol{y}_{sw}(k) = \left[\delta(k), v_{rel}(k), a(k), j(k)\right]^{T}$$

该性能指标与状态向量的关系为

$$\boldsymbol{y}_{sw}(k) = \boldsymbol{C}_{sw}x(k) - \boldsymbol{Z}_{sw2} \tag{5-18}$$

其中,

$$\boldsymbol{C}_{sw} = \begin{bmatrix} 1 & -t_h & 0 & 0 & 0 \\ 0 & 0 & 1 & 0 & 0 \\ 0 & 0 & 0 & 1 & 0 \\ 0 & 0 & 0 & 0 & 1 \end{bmatrix}, \boldsymbol{Z}_{sw2} = \begin{bmatrix} \Delta x_0 \\ 0 \\ 0 \\ 0 \end{bmatrix}$$

为了平滑 ACC 系统的响应曲线,减少行驶过程中的燃油消耗,引入逐渐趋近于最优值的指数衰减函数作为参考轨迹,使上述性能指标在进行优化时沿着平滑的参考轨迹逐渐趋近于最优值:

$$\boldsymbol{y}_{sw\_ref}(k+i) = \begin{bmatrix} e^{\frac{-iT_s}{\alpha_\delta}} & 0 & 0 & 0 \\ 0 & e^{\frac{-iT_s}{\alpha_v}} & 0 & 0 \\ 0 & 0 & e^{\frac{-iT_s}{\alpha_a}} & 0 \\ 0 & 0 & 0 & e^{\frac{-iT_s}{\alpha_j}} \end{bmatrix} \begin{bmatrix} \delta(k) \\ v_{rel}(k) \\ a(k) \\ j(k) \end{bmatrix} \tag{5-19}$$

式中,$\boldsymbol{y}_{sw\_ref}$ 表示性能指标 $\boldsymbol{y}_{sw}$ 的参考轨迹。

考虑到车辆自身能力的限制,需要对行驶速度,加速度和加速度变化率进行相应的约束:

$$约束条件: v_{min} \leqslant v(k) \leqslant v_{max} \tag{5-20}$$

$$a_{min} \leqslant a(k) \leqslant a_{max} \tag{5-21}$$

$$j_{min} \leqslant j(k) \leqslant j_{max} \tag{5-22}$$

以上对 ACC 系统车辆在道路行驶过程中要满足的多个控制目的进行了分析。在满足这些行驶目的的同时,需要对车辆执行机构的切换特性进行优化,尽可能减小油门驱动和制动执行器间的切换次数。也就是说,如果当前时刻 ACC 系统车辆的油门驱动执行器处于工作状态 $[\zeta_1(k)=1, \zeta_2(k)=0]$,应尽量避免下一个时刻切换到刹车制动执行器工作 $[\zeta_1(k+1)=0, \zeta_2(k+1)=1]$,因而可以表示为

$$目标：\begin{cases} \min \mid \zeta_1(k+1) - \zeta_1(k) \mid \\ \min \mid \zeta_2(k+1) - \zeta_2(k) \mid \end{cases} \qquad (5-23)$$

通过对式(5-23)的最小化，减少车辆不同执行机构的切换次数，并减少因切换带来的机械磨损，从而改善执行器的动态响应，提高 ACC 系统的使用率。

此外，对于油门驱动执行器和制动执行器，其控制输入量存在一定的约束：

$$约束条件：u_{1\min} \leqslant u_1(k) \leqslant u_{1\max} \qquad (5-24)$$

$$u_{2\min} \leqslant u_2(k) \leqslant u_{2\max} \qquad (5-25)$$

式中，$u_{1\min}$、$u_{1\max}$ 分别为发动机输入转矩的最小值和最大值；$u_{2\min}$、$u_{2\max}$ 分别为输入制动踏板位置的最小值和最大值。

综上，针对执行机构切换的多目标 ACC 控制系统进行了控制需求分析，综合考虑了道路行驶目标和执行器切换特性的优化，建立了对应的性能指标及系统约束。

5.4.2　基于 MPC 的控制算法设计

在 MPC 的框架下，首先需要根据 5.3 节建立的 ACC 系统模型，对未来时刻的状态向量和性能向量进行预测。

从模型式(5-13)可知，模型中存在二次项 $x_2(k)^2$ 并呈现一定的非线性。考虑到模型的非线性程度并不高，为了满足 MPC 的实时性要求，在预测过程中的每个采样时刻对其进行线性化近似，得到如下预测模型：

$$x(k+1) = A_{sw}(x(k))x(k) + B_{sw1}\zeta_1(k)u_1(k) +$$
$$B_{sw2}\zeta_2(k)u_2(k) + G_{sw}w(k) + Z'_{sw1}(x(k)) \qquad (5-26)$$

其中，系统矩阵 B_{sw1}，B_{sw2}，G_{sw} 同式(5-13)，矩阵 A_{sw}，Z'_{sw1} 为

$$A_{sw} = \begin{bmatrix} 1 & 0 & T_s & -\frac{1}{2}T_s^2 & 0 \\ 0 & 1 & 0 & T_s & 0 \\ 0 & 0 & 1 & -T_s & 0 \\ 0 & -\frac{2T_s}{\tau}c_3 x_2 \mid_k & 0 & 1-\frac{T_s}{\tau} & 0 \\ 0 & -\frac{2}{\tau}c_3 x_2 \mid_k & 0 & -\frac{1}{\tau} & 0 \end{bmatrix}, \quad Z'_{sw1} = \begin{bmatrix} 0 \\ 0 \\ 0 \\ -\frac{T_s}{\tau}c_4 - \frac{T_s}{\tau}c_3 \,(x_2 \mid_k)^2 \\ -\frac{1}{\tau}c_4 - \frac{1}{\tau}c_3 \,(x_2 \mid_k)^2 \end{bmatrix}$$

式中，$x_2 \mid k$ 代表状态向量 x_2 在第 k 个采样时刻的值。

基于该线性化模型,对 ACC 系统的未来状态向量、性能指标向量进行预测:

$$\hat{\boldsymbol{X}}_p(k+p_{sw} \mid k) = \bar{\boldsymbol{A}}_{sw}\boldsymbol{x}(k) + \bar{\boldsymbol{B}}_{sw1}\boldsymbol{\Lambda}_1\boldsymbol{U}_1(k+m_{sw2}) +$$

$$\bar{\boldsymbol{B}}_{sw2}\boldsymbol{\Lambda}_2\boldsymbol{U}_2(k+m_{sw}) + \bar{\boldsymbol{G}}_{sw}\boldsymbol{W}(k+p_{sw}) + \bar{\boldsymbol{Z}}'_{sw1} + \bar{\boldsymbol{H}}_{sw}\boldsymbol{e}_x(k) \qquad (5-27)$$

$$\hat{\boldsymbol{Y}}_p(k+p_{sw} \mid k) = \bar{\boldsymbol{C}}_{sw}\boldsymbol{x}(k) + \bar{\boldsymbol{D}}_{sw1}\boldsymbol{\Lambda}_1\boldsymbol{U}_1(k+m_{sw2}) +$$

$$\bar{\boldsymbol{D}}_{sw2}\boldsymbol{\Lambda}_2\boldsymbol{U}_2(k+m_{sw}) + \bar{\boldsymbol{E}}_{sw}\boldsymbol{W}(k+p_{sw}) - \bar{\boldsymbol{Z}}'_{sw1} + \bar{\boldsymbol{F}}_{sw}\boldsymbol{e}_x(k) \qquad (5-28)$$

其中

$$\bar{\boldsymbol{A}}_{sw} = \begin{bmatrix} \boldsymbol{A}_{sw} \\ \boldsymbol{A}_{sw}^2 \\ \vdots \\ \boldsymbol{A}_{sw}^{p_{sw}-1} \end{bmatrix}, \quad \bar{\boldsymbol{B}}_{sw1} = \begin{bmatrix} \boldsymbol{B}_{sw1} & \boldsymbol{0} & \cdots & \boldsymbol{0} \\ \boldsymbol{A}_{sw}\boldsymbol{B}_{sw1} & \boldsymbol{B}_{sw1} & \cdots & \vdots \\ \vdots & \vdots & \vdots & \boldsymbol{0} \\ \boldsymbol{A}_{sw}^{p_{sw}-1}\boldsymbol{B}_{sw1} & \boldsymbol{A}_{sw}^{p_{sw}-2}\boldsymbol{B}_{sw1} & \cdots & \sum_{l=0}^{p_{sw}-m_{sw}}\boldsymbol{A}_{sw}^l\boldsymbol{B}_{sw1} \end{bmatrix},$$

$$\bar{\boldsymbol{B}}_{sw2} = \begin{bmatrix} \boldsymbol{B}_{sw2} & \boldsymbol{0} & \cdots & \boldsymbol{0} \\ \boldsymbol{A}_{sw}\boldsymbol{B}_{sw2} & \boldsymbol{B}_{sw2} & \cdots & \vdots \\ \vdots & \vdots & \vdots & \boldsymbol{0} \\ \boldsymbol{A}_{sw}^{p_{sw}-1}\boldsymbol{B}_{sw2} & \boldsymbol{A}_{sw}^{p_{sw}-2}\boldsymbol{B}_{sw2} & \cdots & \sum_{l=0}^{p_{sw}-m_{sw}}\boldsymbol{A}_{sw}^l\boldsymbol{B}_{sw2} \end{bmatrix},$$

$$\boldsymbol{\Lambda}_1 = \begin{bmatrix} \boldsymbol{\zeta}_1(k) & & & \\ & \boldsymbol{\zeta}_1(k+1) & & \\ & & \ddots & \\ & & & \boldsymbol{\zeta}_1(k+m_{sw}-1) \end{bmatrix},$$

$$\boldsymbol{\Lambda}_2 = \begin{bmatrix} \boldsymbol{\zeta}_2(k) & & & \\ & \boldsymbol{\zeta}_2(k+1) & & \\ & & \ddots & \\ & & & \boldsymbol{\zeta}_2(k+m_{sw}-1) \end{bmatrix},$$

$$\bar{\boldsymbol{G}}_{sw} = \begin{bmatrix} \boldsymbol{G}_{sw} & \boldsymbol{0} & \cdots & \boldsymbol{0} \\ \boldsymbol{A}_{sw}\boldsymbol{G}_{sw} & \boldsymbol{G}_{sw} & \cdots & \vdots \\ \vdots & \vdots & \vdots & \boldsymbol{0} \\ \boldsymbol{A}_{sw}^{p_{sw}-1}\boldsymbol{G}_{sw} & \boldsymbol{A}_{sw}^{p_{sw}-2}\boldsymbol{G}_{sw} & \cdots & \boldsymbol{G}_{sw} \end{bmatrix}, \quad \bar{\boldsymbol{Z}}'_{sw1} = \begin{bmatrix} \boldsymbol{Z}'_{sw1} \\ \boldsymbol{Z}'_{sw1} \\ \vdots \\ \boldsymbol{Z}'_{sw1} \end{bmatrix}, \quad \bar{\boldsymbol{H}}_{sw} = \begin{bmatrix} \boldsymbol{H}_{sw} \\ \boldsymbol{H}_{sw} \\ \vdots \\ \boldsymbol{H}_{sw} \end{bmatrix},$$

$$\overline{\boldsymbol{C}}_{sw} = \begin{bmatrix} \boldsymbol{C}_{sw} \boldsymbol{A}_{sw} \\ \boldsymbol{C}_{sw} \boldsymbol{A}_{sw}^2 \\ \vdots \\ \boldsymbol{C}_{sw} \boldsymbol{A}_{sw}^{p_{sw}-1} \end{bmatrix}, \overline{\boldsymbol{D}}_{sw1} = \begin{bmatrix} \boldsymbol{C}_{sw} \boldsymbol{B}_{sw1} & \boldsymbol{0} & \cdots & \boldsymbol{0} \\ \boldsymbol{C}_{sw} \boldsymbol{A}_{sw} \boldsymbol{B}_{sw1} & \boldsymbol{C}_{sw} \boldsymbol{B}_{sw1} & \cdots & \vdots \\ \vdots & \vdots & \vdots & \boldsymbol{0} \\ \boldsymbol{C}_{sw} \boldsymbol{A}_{sw}^{p_{sw}-1} \boldsymbol{B}_{sw1} & \boldsymbol{C}_{sw} \boldsymbol{A}_{sw}^{p_{sw}-2} \boldsymbol{B}_{sw1} & \cdots & \sum_{l=0}^{p_{sw}-m_{sw}} \boldsymbol{C}_{sw} \boldsymbol{A}_{sw}^l \boldsymbol{B}_{sw1} \end{bmatrix},$$

$$\overline{\boldsymbol{D}}_{sw2} = \begin{bmatrix} \boldsymbol{C}_{sw} \boldsymbol{B}_{sw2} & \boldsymbol{0} & \cdots & \boldsymbol{0} \\ \boldsymbol{C}_{sw} \boldsymbol{A}_{sw} \boldsymbol{B}_{sw2} & \boldsymbol{C}_{sw} \boldsymbol{B}_{sw2} & \cdots & \vdots \\ \vdots & \vdots & \vdots & \boldsymbol{0} \\ \boldsymbol{C}_{sw} \boldsymbol{A}_{sw}^{p_{sw}-1} \boldsymbol{B}_{sw2} & \boldsymbol{C}_{sw} \boldsymbol{A}_{sw}^{p_{sw}-2} \boldsymbol{B}_{sw2} & \cdots & \sum_{l=0}^{p_{sw}-m_{sw}} \boldsymbol{C}_{sw} \boldsymbol{A}_{sw}^l \boldsymbol{B}_{sw2} \end{bmatrix},$$

$$\boldsymbol{U}_1(k+m_{sw}) = \begin{bmatrix} u_1(k) \\ u_1(k+1) \\ \vdots \\ u_1(k+m_{sw}-1) \end{bmatrix}, \boldsymbol{U}_2(k+m_{sw}) = \begin{bmatrix} u_2(k) \\ u_2(k+1) \\ \vdots \\ u_2(k+m_{sw}-1) \end{bmatrix},$$

$$\overline{\boldsymbol{Z}}'_{sw} = \begin{bmatrix} \boldsymbol{C}_{sw} \boldsymbol{Z}_{sw1} - \boldsymbol{Z}_{sw2} \\ \boldsymbol{C}_{sw}^2 \boldsymbol{Z}_{sw1} - \boldsymbol{Z}_{sw2} \\ \vdots \\ \boldsymbol{C}_{sw}^{p_{sw}} \boldsymbol{Z}_{sw1} - \boldsymbol{Z}_{sw2} \end{bmatrix}, \overline{\boldsymbol{F}}_{sw} = \begin{bmatrix} \boldsymbol{C}_{sw} \boldsymbol{H}_1 \\ \boldsymbol{C}_{sw} \boldsymbol{H}_2 \\ \vdots \\ \boldsymbol{C}_{sw} \boldsymbol{H}_{p_{sw}} \end{bmatrix}.$$

式中，p_{sw} 和 m_{sw} 分别为优化切换策略的预测时域和控制时域。

根据 5.4.1 节对控制需求的分析和预测模型式(5-27)和式(5-28)，通过加权方式得到执行机构优化切换的多目标一体化 ACC 系统控制算法的性能指标形式：

$$J = \sum_{i=1}^{p_{sw}} (\hat{\boldsymbol{y}}_p(k+i) - \boldsymbol{y}_{ref}(k+i))^{\mathrm{T}} \boldsymbol{Q}_{sw} (\hat{\boldsymbol{y}}_p(k+i) - \boldsymbol{y}_{ref}(k+i)) +$$
$$\sum_{i=0}^{m_{sw}-1} u_1(k+i)^{\mathrm{T}} R_{sw1} u_1(k+i) + \sum_{i=0}^{m_{sw}-1} u_2(k+i)^{\mathrm{T}} R_{sw2} u_2(k+i) +$$
$$\sum_{i=0}^{m_{sw}-2} S_{sw1} (\zeta_1(k+i+1) - \zeta_1(k+i))^2 +$$
$$\sum_{i=0}^{m_{sw}-2} S_{sw2} (\zeta_2(k+i+1) - \zeta_2(k+i))^2 \tag{5-29}$$

式中，$\boldsymbol{Q}_{sw}$ 为优化性能向量的权系数矩阵；R_{sw1} 和 R_{sw2} 为控制向量的权系数；S_{sw1} 和 S_{sw2} 对应为对油门驱动和刹车制动执行器切换次数的惩罚权系数。

经过整理，得到对应的系统约束为

$$\begin{cases} \zeta_1(k) \in \{0,1\} \\ \zeta_2(k) \in \{0,1\} \\ \zeta_1(k) + \zeta_2(k) \leqslant 1 \\ \boldsymbol{M} \leqslant \boldsymbol{L}\boldsymbol{x}(k) \leqslant \boldsymbol{N} \\ \boldsymbol{U}_{1\min} \leqslant \boldsymbol{U}_1(k+m_{sw}) \leqslant \boldsymbol{U}_{1\max} \\ \boldsymbol{U}_{2\min} \leqslant \boldsymbol{U}_2(k+m_{sw}) \leqslant \boldsymbol{U}_{2\max} \end{cases} \tag{5-30}$$

将式(5-19)、式(5-27)和式(5-28)分别代入式(5-29)和式(5-30)，并忽略目标函数中与待优化变量(表征油门/刹车执行器工作状态的二进制变量和执行器的控制输入量)无关的项，整理得到：

$$\min_{U_1,U_2,\zeta_1,\zeta_2} J = \begin{bmatrix} \boldsymbol{U}_1^{\mathrm{T}} \boldsymbol{\Lambda}_1^{\mathrm{T}} & \boldsymbol{U}_2^{\mathrm{T}} \boldsymbol{\Lambda}_2^{\mathrm{T}} \end{bmatrix} \boldsymbol{K}_{sw1} \begin{bmatrix} \boldsymbol{\Lambda}_1 \boldsymbol{U}_1 \\ \boldsymbol{\Lambda}_2 \boldsymbol{U}_2 \end{bmatrix} + 2\boldsymbol{K}_{sw2} \begin{bmatrix} \boldsymbol{\Lambda}_1 \boldsymbol{U}_1 \\ \boldsymbol{\Lambda}_2 \boldsymbol{U}_2 \end{bmatrix} +$$

$$\sum_{i=0}^{m_{sw}-2} S_{sw1} \left(\zeta_1(k+i+1) - \zeta_1(k+i) \right)^2 +$$

$$\sum_{i=0}^{m_{sw}-2} S_{sw2} \left(\zeta_2(k+i+1) - \zeta_2(k+i) \right)^2 \tag{5-31}$$

s. t.

$$\begin{cases} \begin{bmatrix} \boldsymbol{\Omega}_{sw1} & \boldsymbol{\Omega}_{sw2} \end{bmatrix} \begin{bmatrix} \boldsymbol{\Lambda}_1 \boldsymbol{U}_1 \\ \boldsymbol{\Lambda}_2 \boldsymbol{U}_2 \end{bmatrix} \leqslant \boldsymbol{T}_{sw} \\ \boldsymbol{\Lambda}_1 + \boldsymbol{\Lambda}_2 \leqslant \boldsymbol{I}_{sw} \\ \boldsymbol{\Lambda}_1 \in \{0,1\} \\ \boldsymbol{\Lambda}_2 \in \{0,1\} \end{cases} \tag{5-32}$$

式中，$\boldsymbol{\Lambda}_1$，$\boldsymbol{\Lambda}_2$ 为完全由逻辑二进制变量构成的对角矩阵；$\boldsymbol{K}_{sw1}$，$\boldsymbol{K}_{sw2}$，$\boldsymbol{M}_1$，$\boldsymbol{M}_2$，$\boldsymbol{M}_3$，$\boldsymbol{M}_4$，$\boldsymbol{M}_5$，$\boldsymbol{\Omega}_{sw1}$，$\boldsymbol{\Omega}_{sw2}$，$\boldsymbol{I}_{sw}$，$\boldsymbol{T}_{sw}$ 表示如下：

$$\boldsymbol{K}_{sw1} = \begin{bmatrix} \boldsymbol{M}_1 & \boldsymbol{M}_3 \\ \boldsymbol{M}_3 & \boldsymbol{M}_2 \end{bmatrix}, \ \boldsymbol{K}_{sw2} = \begin{bmatrix} \boldsymbol{M}_4 & \boldsymbol{M}_5 \end{bmatrix}, \ \boldsymbol{M}_1 = \bar{\boldsymbol{D}}_{sw1}^{\mathrm{T}} \bar{\boldsymbol{Q}}_{sw} \bar{\boldsymbol{D}}_{sw1} + \bar{\boldsymbol{R}}_{sw1},$$

$$\boldsymbol{M}_2 = \bar{\boldsymbol{D}}_{sw2}^{\mathrm{T}} \bar{\boldsymbol{Q}}_{sw} \bar{\boldsymbol{D}}_{sw2} + \bar{\boldsymbol{R}}_{sw2}, \ \boldsymbol{M}_3 = \bar{\boldsymbol{D}}_{sw1}^{\mathrm{T}} \bar{\boldsymbol{Q}}_{sw} \bar{\boldsymbol{D}}_{sw2},$$

$$M_4 = \big[x^{\mathrm{T}} (\bar{C}_{\mathrm{sw}}^{\mathrm{T}} - C_{\mathrm{sw}}^{\mathrm{T}} \, \bar{\Phi}^{\mathrm{T}}) + W^{\mathrm{T}} \bar{E}_{\mathrm{sw}} + Z_{\mathrm{sw2}} \, \bar{\Phi}^{\mathrm{T}} - \bar{Z}'_{\mathrm{sw2}} + e_x^{\mathrm{T}} \bar{F}_{\mathrm{sw}} \big] \bar{Q}_{\mathrm{sw}} \, \bar{D}_{\mathrm{sw1}} \,,$$

$$M_5 = \big[x^{\mathrm{T}} (\bar{C}_{\mathrm{sw}}^{\mathrm{T}} - C_{\mathrm{sw}}^{\mathrm{T}} \, \bar{\Phi}^{\mathrm{T}}) + W^{\mathrm{T}} \bar{E}_{\mathrm{sw}} + Z_{\mathrm{sw2}} \, \bar{\Phi}^{\mathrm{T}} - \bar{Z}'_{\mathrm{sw2}} + e_x^{\mathrm{T}} \bar{F}_{\mathrm{sw}} \big] \bar{Q}_{\mathrm{sw}} \, \bar{D}_{\mathrm{sw2}} \,,$$

$$\Omega_{\mathrm{sw1}} = \begin{bmatrix} \bar{L} \bar{B}_{\mathrm{sw1}} \\ -\bar{L} \bar{B}_{\mathrm{sw1}} \\ I_{\mathrm{sw}} \\ -I_{\mathrm{sw}} \\ 0 \\ 0 \end{bmatrix}, \; \Omega_{\mathrm{sw2}} = \begin{bmatrix} \bar{L} \bar{B}_{\mathrm{sw2}} \\ -\bar{L} \bar{B}_{\mathrm{sw2}} \\ 0 \\ 0 \\ I_{\mathrm{sw}} \\ -I_{\mathrm{sw}} \end{bmatrix}, \; I_{\mathrm{sw}} = \begin{bmatrix} 1 & & & \\ & 1 & & \\ & & \ddots & \\ & & & 1 \end{bmatrix},$$

$$T_{\mathrm{sw}} = \begin{bmatrix} \bar{N} - \bar{L} \bar{G}_{\mathrm{sw}} W - \bar{L} \bar{A}_{\mathrm{sw}} x - \bar{L} \bar{H}_{\mathrm{sw}} e_x \\ -\bar{M} + \bar{L} \bar{G}_{\mathrm{sw}} W + \bar{L} \bar{A}_{\mathrm{sw}} x + \bar{L} \bar{H}_{\mathrm{sw}} e_x \\ U_{1\mathrm{max}} \\ -U_{1\mathrm{min}} \\ U_{2\mathrm{max}} \\ -U_{2\mathrm{min}} \end{bmatrix}$$

如式(5-31)和式(5-32)所示,在 MPC 的框架下,执行机构优化切换的 ACC 系统一体化控制算法设计最终转化为一个实时的优化命题。在该优化命题中,既包括连续变量 $U_1 = [u_1(k), u_1(k+1), \cdots, u_1(k+m_{\mathrm{sw}}-1)]^{\mathrm{T}}$ 和 $U_2 = [u_2(k), u_2(k+1), \cdots, u_2(k+m_{\mathrm{sw}}-1)]^{\mathrm{T}}$,又包括二进制整数变量 $\zeta_1(k), \zeta_1(k+1), \cdots, \zeta_1(k+m_{\mathrm{sw}}-1), \zeta_2(k), \zeta_2(k+1), \cdots, \zeta_2(k+m_{\mathrm{sw}}-1)$ 及其构成的对角矩阵 Λ_1、Λ_2,且连续变量和整数变量相互耦合以非线性的形式出现在目标函数和约束中,因而是一个带约束的混合整数非线性规划命题。如何对其进行快速有效地求解,得到车辆 ACC 系统的驱动、制动执行器的切换规则以及相应的控制输入量是我们接下来要探讨的问题。

5.4.3　控制率求解

在本书的 4.4 节中,提出了一种基于 PSO 的双层嵌套求解算法对 MINLP 进行求解:外层采用 PSO 算法搜索最优整数,固定整数变量后,内层转化为连续规划命题,利用相应的确定性算法进行求解,求解结果再交予外层以进行下次整数搜索,这样不断嵌套迭代,直至满足终止条件。该双层嵌套求解算法通过将原 MINLP 问题分解为一个整数规划和一个连续规划,并结合启发式算法和确定性算法的优势,有效地降低了求解的复杂度并提高了求解效率。因而针对 5.4.2 的 MINLP 问题,也采用该双层嵌套算法对其进行求解。

针对式(5-31)和式(5-32)所示的 MINLP,固定整数变量后,对应的优化命题转化为

$$\min_{U_1, U_2} J = \min_{U_1, U_2} \left\{ \begin{bmatrix} U_1^T & U_2^T \end{bmatrix} K_{sw3} \begin{bmatrix} U_1 \\ U_2 \end{bmatrix} + 2 K_{sw4} \begin{bmatrix} U_1 \\ U_2 \end{bmatrix} + f(\Lambda_1, \Lambda_2) \right\} \quad (5-33)$$

s. t.

$$\begin{bmatrix} \bar{\Omega}_{sw1} & \bar{\Omega}_{sw2} \end{bmatrix} \begin{bmatrix} U_1 \\ U_2 \end{bmatrix} \leqslant T_{sw} \quad (5-34)$$

式中,$f(\Lambda_1, \Lambda_2)$ 为固定整数变量后对应项在目标函数的值;矩阵 K_{sw3}、K_{sw4}、$\bar{\Omega}_{sw1}$、$\bar{\Omega}_{sw2}$ 表示如下:

$$K_{sw3} = \begin{bmatrix} \Lambda_1^T M_1 \Lambda_1 & \Lambda_1^T M_3 \Lambda_2 \\ \Lambda_2^T M_3 \Lambda_1 & \Lambda_2^T M_2 \Lambda_2 \end{bmatrix}, K_{sw4} = \begin{bmatrix} M_4 \Lambda_1 & M_5 \Lambda_2 \end{bmatrix},$$

$$\bar{\Omega}_{sw1} = \Omega_{sw1} \Lambda_1, \bar{\Omega}_{sw2} = \Omega_{sw2} \Lambda_2$$

可以看出,这是一个标准的二次规划问题,可直接利用 MATLAB Optimization Toolbox 对其进行求解。

外层在利用 PSO 算法进行整数搜索时,首先需要对整数变量进行编码。在本节待求解的 MINLP 问题中,包含 $2m_{sw}$ 个整数变量,且整数变量均为逻辑二进制数,因而可直接对 $2m_{sw}$ 个整数变量采用二进制编码表征其开关状态。假设控制时域 m_{sw} 为 4,初始化得到第 i 个粒子:

$$x_i = (1 \quad 1 \quad 0 \quad 1 \quad 0 \quad 1 \quad 1 \quad 0) \quad (5-35)$$

与该粒子对应的整数矩阵 Λ_1, Λ_2 为

$$\Lambda_1 = \begin{bmatrix} 1 & & & \\ & 1 & & \\ & & 0 & \\ & & & 1 \end{bmatrix}, \Lambda_2 = \begin{bmatrix} 0 & & & \\ & 1 & & \\ & & 1 & \\ & & & 0 \end{bmatrix}$$

如式(5-34)所示,由于整数变量存在不等式约束 $\Lambda_1 + \Lambda_2 \leqslant I_{sw}$,因而在生成粒子后,应先判断是否满足该不等式约束,若不满足可直接赋予该粒子一个最小的适应值并跳过内层的二次规划,提高求解效率。以式(5-35)所示的粒子 x_i 为例,对

应的整数矩阵 $\boldsymbol{\Lambda}_1$，$\boldsymbol{\Lambda}_2$ 不满足该约束，因而可直接令该粒子的适应值为某个最小值。对满足整数约束的粒子，求解对应的二次规划，根据求解结果计算粒子的适应值。

在得到每个粒子的适应值后，更新粒子的历史最优位置以及群体的历史最优位置，并按照第 4 章中的式(4 - 25)～式(4 - 27)对粒子的速度和位置进行更新，并在粒子种群多样性下降到一定程度时，进行"近似淘汰"法则避免陷入局部最优。然后继续进行外层的整数规划和内层的二次规划，通过不断嵌套迭代求得 MINLP 的解。

针对 5.4.2 节中的 MINLP 命题，求解具体步骤如下：

步骤 1： 根据控制时域值 m_{sw} 确定离散变量的个数，对粒子群位置进行随机二进制编码，随机初始化粒子的速度，初始化每个粒子的历史最好解，群体历史最好解。

步骤 2： 基于每个粒子，判断是否满足式(5 - 34)的整数不等式约束：对满足约束的粒子，利用积极集法求取对应的 QP 命题，若 QP 问题有最优解，则根据式(5 - 33)求取相应的目标函数值，若 QP 问题无最优解，则把相应的目标函数设为某个极大值，然后通过对目标函数取倒数得到相应粒子的适应值；对不满足约束的粒子，直接将其适应值置为某个最小值。

步骤 3： 通过对适应值进行比较，更新每个粒子的历史最好解，群体历史最好解，并记录与之对应的 QP 问题的解。

步骤 4： 对每个粒子按照第 4 章式(4 - 25)～式(4 - 27)进行速度，位置更新。

步骤 5： 计算种群的多样性 D_y，若 $D_y < \alpha$，转到步骤 6，否则跳到步骤 7。

步骤 6： 判断各粒子是否存在 $f(x_i) - f(x_j) \leqslant f_{similar}$，若存在，随机删除其中一个粒子，并以群体历史最好粒子的变异粒子(随机选择两个编码位进行交叉)去替换。

步骤 7： 判断终止条件，若未达到，转到步骤，否则转到步骤 8。

步骤 8： 选择群体历史最优粒子及与之对应 QP 问题的解作为该 MINLP 问题的解。

综上，本节利用第 4 章提出的基于 PSO 的双层嵌套求解算法，将与执行机构优化切换的一体化 ACC 控制算法对应的 MINLP 问题分解为一个整数规划和一个二次规划，通过结合 PSO 算法和积极集法的优势进行迭代嵌套求解，得到 ACC 系统执行机构的优化切换序列以及相应的执行器控制输入量。

5.5　仿　真　分　析

在本节中，我们将执行器优化切换的 ACC 系统一体化控制算法(下文简写为

"优化切换算法")与分层结构下的经典阈值切换算法(下文简写为"阈值切换算法")进行仿真比较,分别从节气门驱动和行车制动器制动的切换性能、车辆在行驶过程中的安全性、跟车性、舒适性和油耗性能等方面来评价算法。在实验中,仍然选取跟车(car following)、换道插入(cut in)、换道离开(cut out)、接近(approaching)、急刹车(hard brake)这 5 个典型的交通场景作为仿真环境。各场景的仿真初始条件同第 2 章。

仿真实验中用到的参数取值为:$R_g = 3.77$,$h = 0.318$ m,$T_{b, max} = 4\,093$ N・m,$m_{car} = 1\,620$ kg,$k_{air} = 0.285$,$\rho_{air} = 1.23$ N/m^2,$k_{roll} = 0.015$,$s_{front} = 2.2$ m^2,$g = 9.8$ N/m^2,$T_s = 0.2$ s,$\tau_a = 0.5$ s,$t_{h\_max} = 2.2$ s,$t_{h\_min} = 0.2$ s,$t_0 = 1.5$ s,$c_v = 0.05$,$c_a = 0.3$,$\tau = 0.5$ s,$d_0 = 7$ m,$d_{min} = 5$ m,$v_{min} = 0$ m/s,$v_{max} = 40$ m/s,$u_{1min} = 0$ N・m,$u_{1max} = 360$ N・m,$u_{2\,min} = 0$,$u_{1max} = 1$,$a_{min} = -5.5$ m/s^2,$a_{max} = 2.5$ m/s^2,$p_{sw} = 16$,$m_{sw} = 5$,$\boldsymbol{Q}_{sw} = diag[1,\,1,\,1,\,1]$,$R_{sw1} = R_{sw2} = 1$,$S_{sw1} = S_{sw2} = 0.8$,$\vartheta_1 = 2$,$\vartheta_2 = 2$,$\omega = 0.7$,$v_{D, max} = 6$,$\alpha = 0.1$,$f_{similar} = 0.5$。

场景 1:跟车(car following)

在该场景下,优化切换算法和阈值切换算法的间距响应、速度响应、加速度响应、jerk 响应以及执行机构的输入曲线如图 5-2 所示,两种控制算法对应的执行器切换次数、舒适度评价指标——jerk 绝对值的平均值以及通过 CMEM 模型[108]计算出的油耗量如表 5-1 所示。

如图 5-2 所示,初始时刻,两种控制算法均采取了加速控制跟随前车[见图 5-2(e)],然而伴随着前车的剧烈减速,它们在加速一段时间后不得不切换到制动控制来避免因前车剧烈减速而造成的碰撞。在 $t = 6$ s 时,前车开始采取加速行为。为了适应前车的这一速度变化,两种控制算法下的 ACC 系统车辆逐渐释放制动踏板,并切换到加速控制,通过调整自身车速紧跟前车。可见,面对前车频繁而剧烈的变速行为,无论是阈值切换还是优化切换算法,都必须保证行驶过程最基本的两个控制目的——安全性和跟车性,因而该场景下两种控制算法在加速驱动和制动执行器制动间均切换了 2 次,但相比于阈值切换算法,优化切换算法的执行器控制输入曲线更加平滑。此外,如表 5-1 所示,优化切换算法在舒适度和油耗性能上比阈值切换算法分别改善了 34.84% 和 17.5%。综上,在跟车场景下,面对前车频繁而剧烈的变速行为,为了保证行驶过程中的安全性和跟车性,优化切换算法必须跟随前车的速度变化,因而在切换次数上并没有表现出明显的优势,但对其执行器的控制输入特性进行了有效优化,平滑了系统的动态响应,提供了比阈值切换算法更为优越的乘坐舒适度和油耗性能。

(a) 车间距响应曲线

(b) 速度响应曲线

(c) 加速度响应曲线

(d) 加速度变化率(jerk)响应曲线

(e) 执行机构控制输入曲线

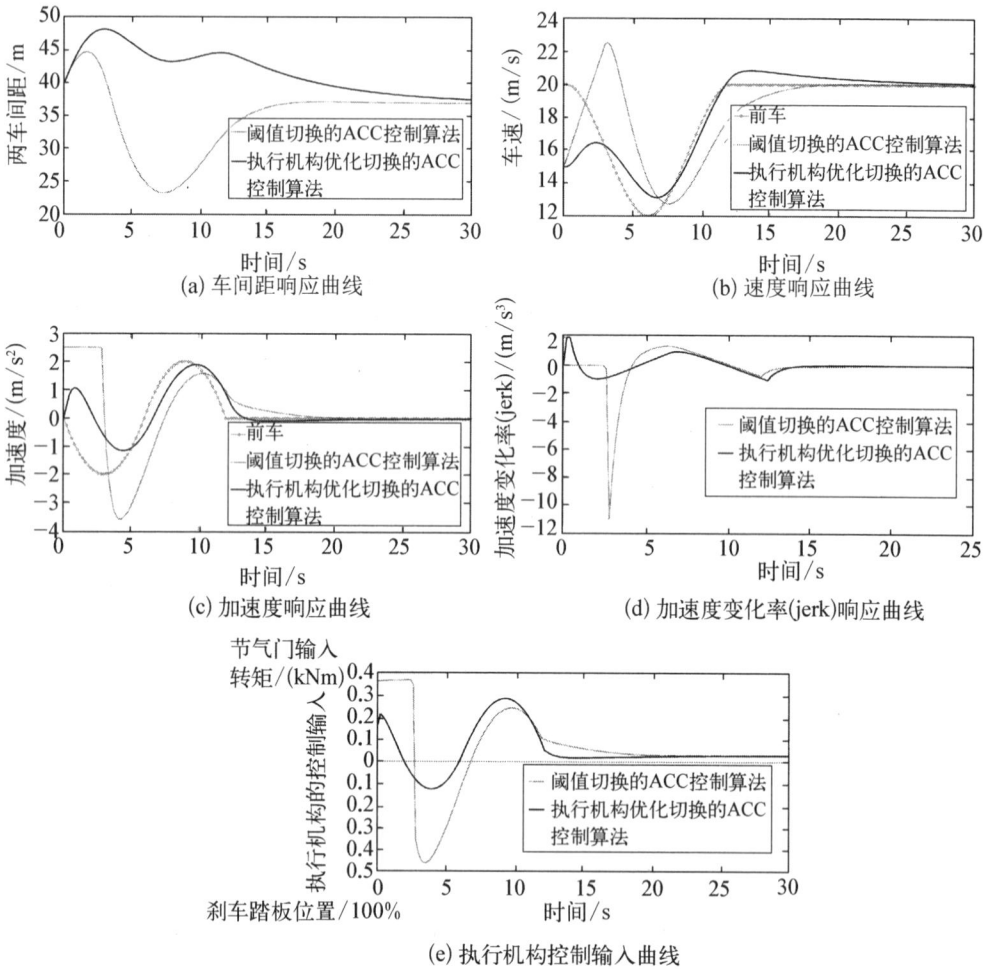

图 5-2 跟车场景下阈值切换算法与优化切换算法的 ACC 系统响应曲线

表 5-1 跟车场景下阈值切换算法与优化切换算法的性能对比

	阈值切换算法	优化切换算法	改善幅度
jerk 绝对值的平均值/(m/s³)	0.425 4	0.277 2	34.84%
油耗量/g	71.873	59.292	17.5%
油门、刹车执行器的切换次数/次	2	2	0%

注:(1) 表格中对舒适度指标和油耗量的统计时间段是从仿真初始时刻开始,到 ACC 系统进入稳态为止;(2) 第三列的数据是以阈值切换算法为基准,优化切换算法在各指标上的改善幅度。

场景 2：换道插入(cut in)

在该场景下,优化切换算法和阈值切换算法对应的 ACC 系统动态响应如图 5-3 所示,两种控制算法对应的执行器切换次数、舒适度评价指标以及通过 CMEM 模型计算出的油耗量如表 5-2 所示。

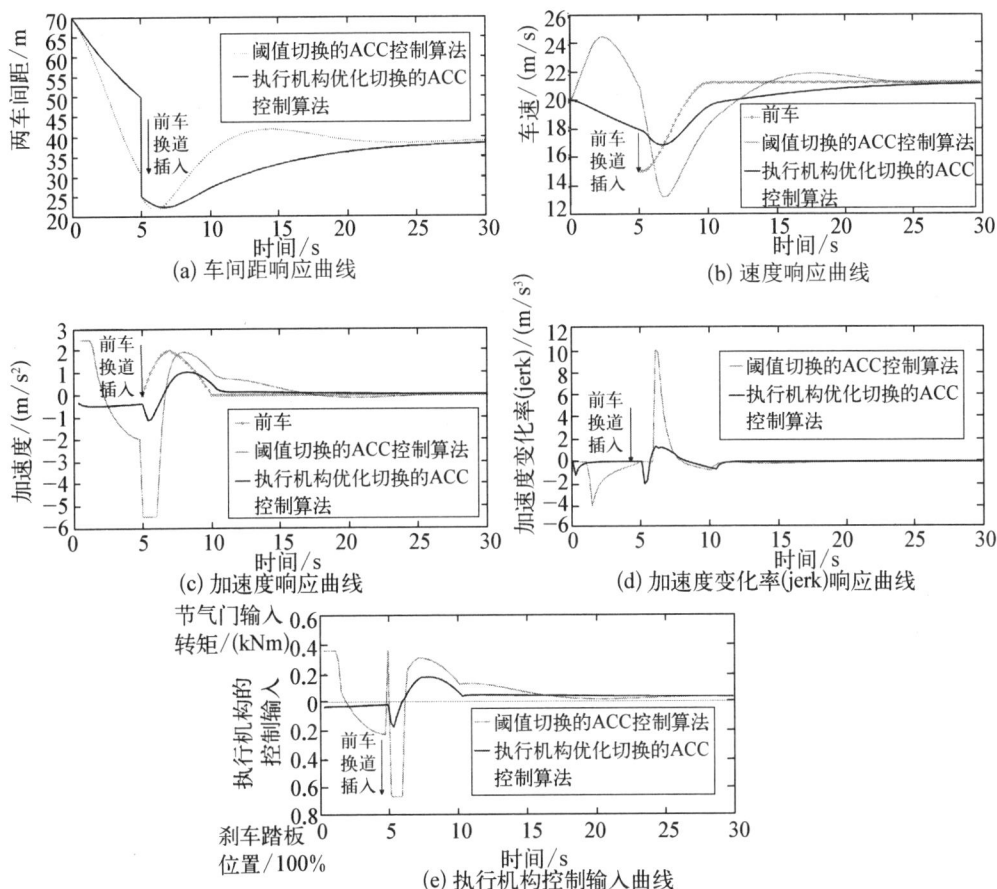

(a) 车间距响应曲线

(b) 速度响应曲线

(c) 加速度响应曲线

(d) 加速度变化率(jerk)响应曲线

(e) 执行机构控制输入曲线

图 5-3　换道插入场景下阈值切换算法与优化切换算法的 ACC 系统响应曲线

如图 5-3 所示,在换道插入场景下的仿真初始时刻,阈值切换算法先采取了较大的油门控制来紧跟前车,其车速迅速增大,接着又切换到刹车控制,以避免因过大的车速而带来的安全隐患,对应的舒适度指标——jerk,远远超出了乘客的感知界限 2 m/s³。在 $t=5$ s 时,邻近车道的车辆突然换道插入,使得对应车间距瞬间减小。为了避免两车相撞,阈值切换算法通过大幅增加制动执行器的控制输入迅速减小自身车速(速度减到 13.19 m/s,jerk 幅值达到了 10.12 m/s^3)。随着时间的推移,ACC 系统车辆在不断调整自身车速的过程中将车间距调整至期望值附近。此时,为了实现对前车的稳定跟车,阈值切换算法开始逐渐释放刹车踏板,并切换到油门控制,以一个恒定的油门输入匀速行驶。可见,在阈值切换算法下,加速、制动执行器共发生了 2 次切换。而本章提出的优化切换算法因有效地优化了加速、制动执行器的切换特性,很好地平衡了该场景下 ACC 系统车辆的连续加、减速行为,减少了切换次数,改善了系统的动态响应。如图 5-3(e)所示,优化切换算法在仿真初始时刻以小幅的制动控制在降低车速的同时,平滑地调整车间距响应,因而在换道插入发生后,该策略只需适当增大刹车执行器的控制输入量,就可以有效地避免碰撞,显著改善了执行器的动态响应。由表 5-2 可知,在换道插入场景下,相比于阈值切换算法,优化切换算法在保证行驶安全性的同时,减少了执行器的切换次数,避免了因频繁切换而带来的机械磨损,改善了行驶过程中的乘坐舒适度和油耗性能。

表 5-2　换道插入场景下阈值切换算法与优化切换算法的性能对比

	阈值切换算法	优化切换算法	改善幅度
jerk 绝对值的平均值/(m/s^3)	0.537	0.211	60.7%
油耗量/g	55.184	43.153	21.8%
油门、刹车执行器的切换次数/次	2	1	50%

注:(1)表格中对舒适度指标和油耗量的统计时间段是从仿真初始时刻开始,到 ACC 系统进入稳态为止;(2)第三列的数据是以阈值切换算法为基准,优化切换算法在各指标上的改善幅度。

场景 3:换道离开(cut out)

在该场景下,优化切换算法和阈值切换算法对应的 ACC 系统动态响应如图 5-4 所示,两种控制算法对应的执行器切换次数、舒适度评价指标以及通过 CMEM 模型计算出的油耗量如表 5-3 所示。

如图 5-4 所示,仿真初始时刻,两种算法下的 ACC 系统车辆均以恒定的加速控制匀速行驶,在 $t=5$ s 时,前车的换道离开打破了这一稳定行驶的状态,ACC 系统车辆必须采取一定的措施来适应该变化。为了将车间距调整至期望值,两种控制算法均加大了加速控制输入量来缩小瞬间变大的车间距。如图 5-4(e)所示,阈值切换算法采取了较为剧烈的加速控制作用,使得 ACC 系统车辆的车速在 3 s 之内从原来的 15 m/s 增大到 23.2 m/s。正因为如此剧烈的加速行为,车间距迅速减小。伴随着车速的不断增大,阈值切换算法又意识到如果不采取制动措施将导致两车相撞,因而在 $t=8.2\,\text{s}$ 时该控制算法切换到刹车制动执行器,并以一个较大的控制输入量来保证行驶的安全。而优化切换算法有效地平衡了这一连续的加、减速行为,在换道离开发生后采取了较为平稳的加速控制输入作用,并通过逐渐减小油门控制量来适应前车的速度变化,因而无需切换到制动执行器,ACC 系统车辆就能有效地避撞。可见,优化切换策略避免了车辆不同执行器的频繁切换。此外,相比于阈值切换算法,优化切换算法在乘坐舒适度方面提高了 26.34%,油耗减少了 14.7%(见表 5-3)。

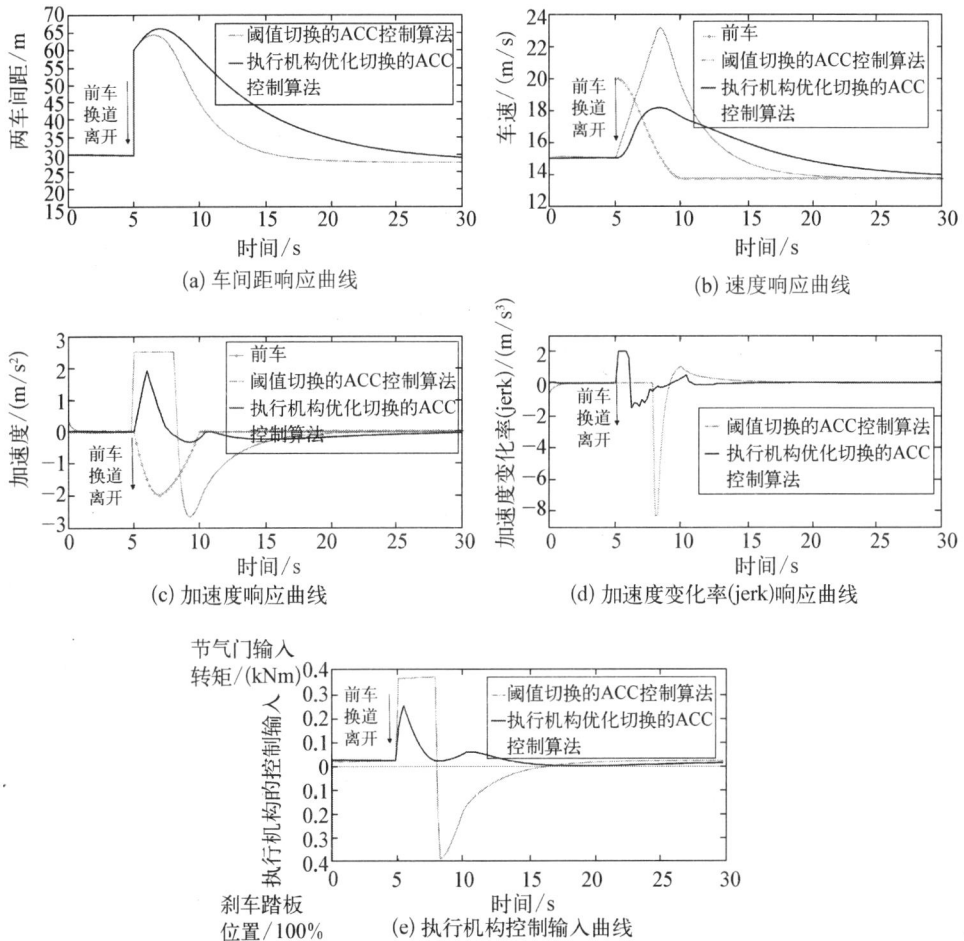

(a) 车间距响应曲线

(b) 速度响应曲线

(c) 加速度响应曲线

(d) 加速度变化率(jerk)响应曲线

(e) 执行机构控制输入曲线

图 5-4 换道离开场景下阈值切换算法与优化切换算法的 ACC 系统响应曲线

表 5 - 3   换道离开场景下阈值切换算法与优化切换算法的性能对比

	阈值切换算法	优化切换算法	改善幅度
jerk 绝对值的平均值/(m/s³)	0.372	0.274	26.34%
油耗量/g	47.991	40.938	14.7%
油门、刹车执行器的切换次数/次	2	0	100%

注：(1) 表格中对舒适度指标和油耗量的统计时间段是从仿真初始时刻开始，到 ACC 系统进入稳态为止；(2) 第三列的数据是以阈值切换算法为基准，优化切换算法在各指标上的改善幅度。

场景 4：远处接近前车(approaching)

在该场景下，优化切换算法和阈值切换算法对应的 ACC 系统动态响应如图 5 - 5 所示，两种控制算法对应的执行器切换次数、舒适度评价指标以及通过 CMEM 模型计算出的油耗量如表 5 - 4 所示。

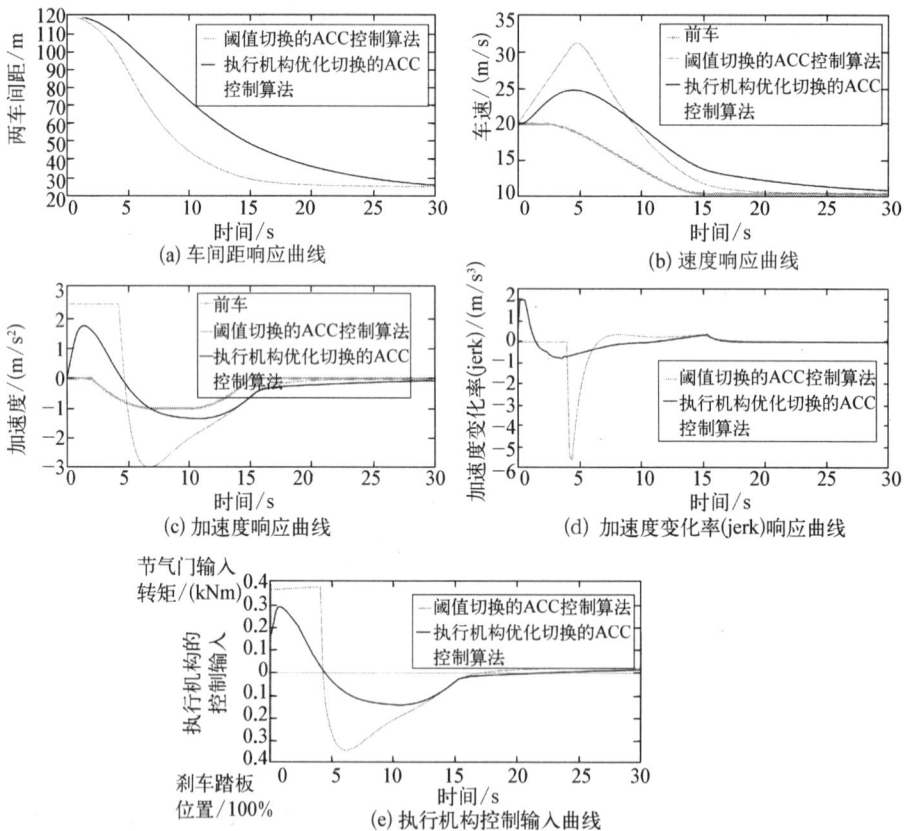

(a) 车间距响应曲线

(b) 速度响应曲线

(c) 加速度响应曲线

(d) 加速度变化率(jerk)响应曲线

(e) 执行机构控制输入曲线

图 5 - 5   远处接近前车场景下阈值切换算法与优化切换算法的 ACC 系统响应曲线

表 5-4 远处接近前车场景下阈值切换算法与优化切换算法的性能对比

	阈值切换算法	优化切换算法	改善幅度
jerk 绝对值的平均值/(m/s³)	0.280	0.204	27.12%
油耗量/g	52.973	44.575	15.9%
油门、刹车执行器的切换次数/次	2	2	0%

注：(1) 表格中对舒适度指标和油耗量的统计时间段是从仿真初始时刻开始，到 ACC 系统进入稳态为止；(2) 第三列的数据是以阈值切换算法为基准，优化切换算法在各指标上的改善幅度。

在远处接近前车场景下，由于初始时刻两车间距远大于期望安全间距，因而两种控制算法均采取一定的加速来追赶前车。如图 5-5(e)所示，阈值切换算法在接近前车的过程中先采取了较大的油门控制作用，对应的车速从起初的 20m/s 迅速增加到 31.34 m/s，此时如果 ACC 系统车辆继续采取油门控制，势必会导致两车相撞，因而该控制算法立即从当前的油门驱动执行器切换到刹车制动执行器，舒适度指标 jerk 达到了 −5.59 m/s³，随后该控制算法逐渐释放刹车踏板，并切换到油门控制，在调整自身车速的同时保证一个安全的车间距行驶。在整个接近前车的过程中，阈值切换算法在油门驱动和刹车制动执行器间共切换了 2 次。而本章提出的优化切换 ACC 系统控制算法虽然也在执行机构间切换了 2 次，但该算法在接近前车的初始时刻采取了较为平稳的油门控制，并通过及时减小油门执行器的输入量来适应车间距和前车速度的变化，因而平滑了 ACC 系统车辆的执行器控制输入响应，并改善了乘坐舒适性和油耗性能（改善幅度分别为 27.12% 和 15.9%）。

场景 5：急刹车 (hard brake)

在该场景下，优化切换算法和阈值切换算法对应的 ACC 系统动态响应如图 5-6 所示，两种控制算法对应的执行器切换次数、舒适度评价指标以及通过 CMEM 模型计算出的油耗量如表 5-5 所示。

由图 5-6 所示，在急刹车场景下，面对前车的剧烈刹车，两种控制算法下的 ACC 系统车辆均从起初的油门驱动执行器（跟车状态）切换到刹车制动执行器，并以一个较大的控制输入量来避免与前车相撞。可见，该场景下优化切换算法在执行器的切换性能上并没有表现出明显的优势，这是因为在急刹车这样危险的场景下，安全性受到了极大的威胁，而对于车辆 ACC 系统来说，无论采取何种控制策略，安全性是最重要的控制目的，因而执行器的切换是无法避免的。尽管如此，相比于阈值切换算法，优化切换算法对执行器的控制输入特性进行了有效优化，平滑了系统的动态响应，并改善了行驶过程中的舒适度（19.95%）和燃油经济性（10.03%）。

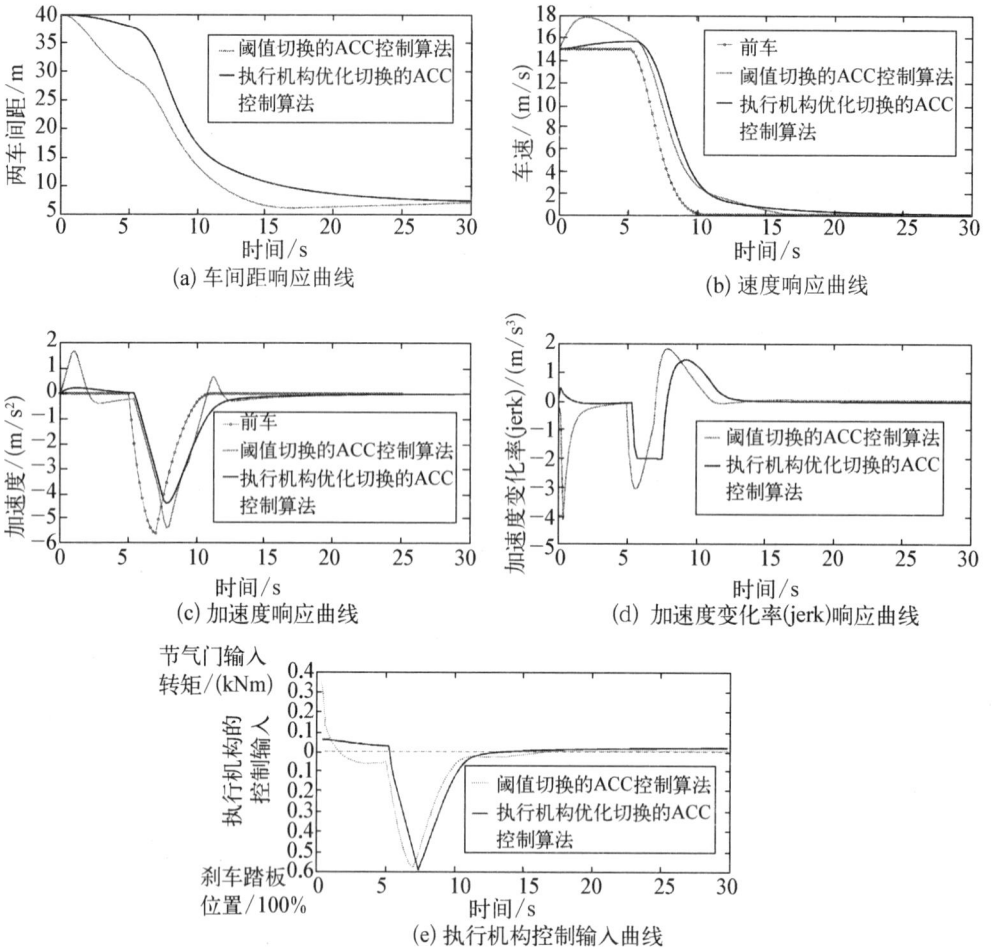

(a) 车间距响应曲线

(b) 速度响应曲线

(c) 加速度响应曲线

(d) 加速度变化率(jerk)响应曲线

(e) 执行机构控制输入曲线

图 5-6　急刹车场景下阈值切换算法与优化切换算法的 ACC 系统响应曲线

表 5-5　急刹车场景下阈值切换算法与优化切换算法的性能对比

	阈值切换算法	优化切换算法	改善幅度
jerk 绝对值的平均值/(m/s³)	0.421	0.337	19.95%
油耗量/g	18.664	16.792	10.03%
油门、刹车执行器的切换次数/次	1	1	0%

注:(1)表格中对舒适度指标和油耗量的统计时间段是从仿真初始时刻开始,到 ACC 系统进入稳态为止;(2)第三列的数据是以阈值切换算法为基准,优化切换算法在各指标上的改善幅度。

综上所述,本节通过对 5 种典型的交通场景进行仿真实验,对油门刹车优化切换的多目标 ACC 系统一体化控制算法和经典的阈值切换分层控制算法进行了比较分析。仿真结果表明:该优化切换的 ACC 系统控制算法在保证安全跟车的基础上,不仅显著提高了行驶过程中的乘坐舒适性和燃油经济性,而且有效地避免了加速、制动执行机构的频繁切换,改善了执行器的控制输入特性,平滑了系统的动态响应。

5.6 本 章 小 结

本章研究了一种结合加速、制动执行器特性与车间相互纵向运动学特性的 ACC 系统一体化控制结构,并在该结构下设计了执行机构切换的多目标 ACC 系统控制算法。首先通过引入逻辑变量并加入逻辑不等式约束将驱动、制动执行器的动力特性统一在一个模型框架内,继而结合车间相互纵向运动学特性得到了 ACC 系统的一体化模型;在该模型的基础上,利用 MPC 的框架设计了执行器优化切换的多目标 ACC 系统一体化控制算法,在满足车辆行驶目的的同时对执行机构的切换性能(切换序列和相应执行器的输入量)进行了有效优化。仿真结果表明:该一体化优化控制算法在保证行驶过程中的安全跟车和舒适节油的同时,有效减少了执行器的切换次数,改善了执行器的控制输入特性,避免了因执行机构频繁切换带来的机械磨损,从而有利于提高 ACC 系统的使用寿命,对 ACC 系统的推广具有积极的意义。

6 结论与展望

6.1 本 书 小 结

本书以车辆自适应巡航控制(ACC)系统为研究对象,分别对间距策略、ACC上层控制算法、ACC系统一体化控制算法进行了研究。全书主要研究内容总结如下:

(1)设计了一种考虑前车速度趋势的可变车头时距策略,并对其间距误差的收敛稳定性进行了理论证明。该间距策略通过引入对前车未来速度扰动的考虑以及饱和函数的处理,提高了间距控制的前瞻性和抗干扰能力,有效地平衡了车辆在行驶过程中的安全性和跟车性。

(2)在MPC的框架下提出了一种兼顾安全性、跟车性、舒适性、节油性的多目标ACC上层控制算法。该多目标控制算法不仅满足了行驶过程的安全性和跟车性,而且通过对舒适度指标的有效优化和平滑参考轨迹的引入,改善了乘坐舒适度,提高了燃油经济性。

(3)针对现有ACC上层控制算法无法体现驾驶员行驶特性的不足,在MPC的框架下提出了一种双模式的多目标ACC上层控制算法。该控制算法由平稳跟车模式、快速接近模式和模糊切换逻辑组成,有效地模拟了驾驶员根据行驶环境选择不同行车策略的日常行驶习惯,有利于提高驾驶员对ACC系统的满意度、提高ACC系统的使用率。

(4)针对ACC分层控制结构无法对执行机构切换特性进行有效优化的不足,提出了一种结合车间相互纵向运动学特性和油门刹车执行器特性的ACC一体化控制结构,并在该结构下利用MPC的框架设计了执行机构优化切换的多目标ACC一体化控制算法。该策略在保证行驶过程中的安全性、跟车性、舒适性和节油性的同时,通过对执行机构的切换性能进行有效优化,避免了因频繁切换带来的机械磨损,改善了执行器的输入特性,平滑了系统的动态响应,提高了ACC系统的使用寿命。

6.2 未来研究展望

车辆自适应巡航控制系统,作为车辆工程以及智能交通领域的一个重要的研究课题,还存在许多值得进一步深入研究的问题:

(1)在嵌入式系统平台下实现车辆 ACC 系统的控制算法,评估算法的计算效率并进行一定的优化。本书以 MPC 为框架,对车辆 ACC 系统的控制算法进行了理论研究,而在未来的工作中,有必要在嵌入式系统平台下实现相应的控制算法,评估算法的计算速度并进行一定的优化,使之满足嵌入式系统的需求。

(2)搭建车辆 ACC 系统的真车实验平台,对控制算法进行大量交通场景的道路测试实验。作为一种驾驶辅助系统,车辆 ACC 控制系统的最终设计目的是应用于真车并代替驾驶员进行操作,因而有必要搭建 ACC 系统的真车实验平台,对控制算法进行大量交通场景的道路实验,评估控制策略的有效性。

(3)研究 ACC 系统的车队控制算法。伴随着车辆 ACC 系统的不断发展,车队控制将是其未来在高速公路上的一个重要应用,即 ACC 系统车辆以车队的形式通过车-车通信在维持较小车间距的同时,保证车队稳定、安全、舒适的行驶。在车队控制中,保持车队稳定性是研究的重点。车队稳定性是指针对系统不稳定、外界的干扰和行驶环境的不确定性等,车间距波动在车队传播中的稳定性。因此,在今后的工作中,可以尝试对 ACC 系统的车队控制进行研究。

参 考 文 献

［1］ 杨兆升. 城市道路交通系统智能系统理论与实施方法［M］. 北京：中国铁道出版社，2002.

［2］ Kubozuka T. Perspective of ITS Technology：A scenario. Proceeding of International Symposium on Advanced Vehicle Control，2002.

［3］ 《中国智能运输系统体系框架》专题组. 中国智能运输系统体系框架［M］. 北京：人民交通出版社，2003.

［4］ 陈旭梅，于雷，郭继孚，等. 美国智能交通系统 ITS 的近期发展综述［J］. 中外公路，2003，23(2)：9-12.

［5］ Lingyun X，Feng G. A comprehensive review of development of adaptive cruise control systems ［J］. Vehicle System Dynamics，2010，48(10)：1167-1192.

［6］ 侯德藻. 汽车纵向主动避撞系统的研究［D］. 北京：清华大学，2004.

［7］ Rajesh R. Vehicle Dynamics and Control ［M］. Springer，2006.

［8］ Vahidi A，Eskandarian A. Research advances in intelligent collision avoidance and adaptive cruise control ［J］. IEEE Transactions on Intelligent Transportation System，2003，4(3)：143-153.

［9］ Rajamani R，Zhu C. Semi-Autonomous Adaptive Cruise Control Systems ［J］. IEEE Transactions on Vehicular Technology，2002，51(5)：1186-1192.

［10］ Greg M，Mark M，Brackstone M. Towards an understanding of adaptive cruise control ［J］. Transportation Research Part C，2001(9)：33-51.

［11］ 田雷. 汽车自适应巡航系统的模糊自校正控制算法研究［D］. 长春：吉林大学，2003.

［12］ 刘中海. 自适应巡航控制系统的设计与仿真［D］. 北京：清华大学，2005.

［13］ Shaout A，Jarrahz A. Cruise control technology review ［J］. Computer Electrical Engineer，1997，23：259-271.

［14］ Diamond H，Lawrence W. The development of an automatically controlled highway system [J]. Transportation Research Institute's Report UMR 1266, University of Michigan, 1966.

[15] Levine S, Athans M. On the optimal error regulation of a string of moving vehicles [J]. IEEE Transactions on Automatic Control, 1996, 11: 355 – 361.

[16] Bender J, Fenton R. On the flow capacity of automated highways [J]. Transportation Science, 1970, 4: 52 – 63.

[17] Bender J, Fenton R, Olson K. An experimental study of vehicle automatic longitudinal control [J]. IEEE Transactions on Vehicular Technology, 1971, 20: 114 – 123.

[18] Fenton R, Mayhan J. Automated highway studies at the Ohio state University-An overview [J]. IEEE Transactions on Vehicular Technology, 1991, 40: 100 – 113.

[19] Caudill R, Garrard W. Vehicle follower longitudinal control for automated transit vehicles [J]. Journal of Dynamic System, Measurement, and Control, 1977: 241 – 248.

[20] Garrard W. Longitudinal control for automated guideway transit vehicles [J]. Report UMTA – MN – 11 – 77 – 2, University of Minnesota, 1977.

[21] Hesse R. Cabinentaxi-A personal public transportation system [J]. Transportation, 1972, 1: 321 – 330.

[22] Maury J. The ARMIS PRT system [D]. SAE International, SAE paper 740143, 1974.

[23] Catling I. Advanced technology for road transport: IVHS and ATT [M], Boston: Artech House, 1993.

[24] Broqua F, Lerner G, Mauro V, et al. Cooperative driving: Basic concepts and a first assessment of "Intelligent cruise control" strategies [R]. Proceedings of the DRIVE Conference. Brussels, 1991.

[25] Zhang X, Benz T. Simulation and evaluation of intelligent cruise control [J]. IVHS Journal, 1993, 1(2): 181 – 190.

[26] Joachim S, Walter S. Adaptive cruise control for coaches [J]. International Symposium on Advanced vehicle control. Aachen University of Technology, 1996, 3: 1351 – 1366.

[27] Bishop R. Intelligent vehicle technology and trends [M], Boston: Artech House, 2005.

[28] Ioannou P, Ahmed-Zaid F, Wuh D. A time headway autonomous

intelligent cruise controller: design and simulation [D]. California PATH Working paper, UCB - ITS - PWP - 94 - 07, 1994.

[29] Ioannou P. Development and experimental evaluation of autonomous vehicles for roadway/vehicle cooperative driving [D]. California PATH Research Paper, UCB - ITS - PRR - 98 - 9, 1998.

[30] Darbha S, Rajagopal K. Intelligent cruise control systems and traffic flow stability. California PATH Research Paper, UCB - ITS - PRR - 98 - 36, 1998.

[31] Fancher P, Ervin R, Sayer J. Intelligent cruise control field operation test (final report) [R]. Transportation Research Institute, University of Michigan, 1998.

[32] Tsugawa S, Aoki M, Hsaka A, et al. A survey of present IVHS activities in Japan [J]. Control Engineer Practice, 1997, 5(11): 1607 - 1614.

[33] Ioannou P. Automated Highway Systems [M]. New York: Plenum Press, 1997.

[34] 朱永强. 汽车自适应巡航系统的控制策略开发及行驶环境评估[D]. 长春: 吉林大学, 2007.

[35] Yanakiev D, Kanellakopoulos I. Nonlinear Spacing Policies for Automated Heavy-Duty Vehicles [J]. IEEE Transactions on Vehicular Technology, 1998, 47(4): 1365 - 1377.

[36] Zhou J, Peng H. Range policy of adaptive cruise control vehicles for improved flow stability and string stability [J]. IEEE Transactions on Intelligent Transportation System, 2005, 6(2): 229 - 237.

[37] Swaroop D, Hedrick J K, Chien C C, et al. A comparison of spacing and headway control laws for automatically controlled vehicles [J]. Vehicle System Dynamics, 1994, 23: 597 - 625.

[38] Lingyun X, Feng G, Jiangfeng W. On scalability of platoon of automated vehicles for leader-predecessor information framework [J]. IEEE Intelligent Vehicles Symposium. China, 2009.

[39] Darbha S, Hedrick J. Constant spacing strategies for platooning in automated highway systems [J]. Journal of Dynamics Systems, Measurement and Control, 1999, 121: 462 - 470.

[40] Santhanakrishnan K, Rajamani R. On spacing policies for highway vehicle automation [J]. IEEE Transactions on Transportation Systems, 2003,

4(4)：198－204.

[41] Ioannou P，Chien C C. Autonomous intelligent cruise control [J]. IEEE Transactions on Vehicular Technology，1993，42：657－672.

[42] Tsang-Wei L，Sheue-Ling H，Paul A G. Effects of time-gap settings of adaptive cruise control（ACC）on driving performance and subjective acceptance in a bus driving simulator [J]. Safety Sciences，2009，47：620－625.

[43] YiHsien C，JyhChing J. Longitudinal vehicle control with the spacing policy in consideration of brake input limits [J]. IEEE International Conference on Systems，Man and Cybernetic，2007：1705－1710.

[44] Swaroop D，Rajagopal K R. Intelligent cruise control system and traffic flow stability [J]. Transportation Research Part C：Emerging Technologies，1999，7(6)：329－352.

[45] Li P，Shrivastava A. Traffic flow stability induced by constant time headway policy for adaptive cruise control vehicles [J]. Transportation Research Part C：Emerging Technologies，2002，10(4)：275－301.

[46] Jin Z，Masahiro O，Abdelkader E K. A safety spacing policy and its impact on highway traffic flow [J]. IEEE Symposium on Intelligent Vehicles，2009：960－965.

[47] Jianlong Z，Ioannou P. Adaptive vehicle following control system with variable time headways [J]. 44th IEEE Conference on Decision and Control，2005：3880－3885.

[48] Broqua F，Lerner G，Mauro V，et al. Cooperative driving：basic concepts and a first assessment of the intelligent cruise control strategies [J]. Proceedings of Drive Conference，1991：908－929.

[49] Wang J，Rajamani R. Adaptive cruise control system design and its impact on traffic flow [J]. Proceedings of the American Control Conference. Alaska，2002.

[50] Greenshield B D. A study of traffic capacity [J]. Proceedings of HRB，1934，14：448－477.

[51] 橋本佳幸，里中久志，重松崇. 衝突回避スシのム開[J]. 自働車技術会学術演会前刷集，1994：57－60.

[52] Xu Q，Hedrick K，Sengupta R，et al. Effects of vehicle-vehicle/ roadside-vehicle communication on adaptive cruise controlled highway systems [J]. Proceedings of IEEE Vehicular Technology. Canada，2002：1249－1253.

[53] Fancher P, Bareket Z, Peng H, et al. Research on desirable adaptive cruise control behavior in traffic streams [J]. University of Michigan Transportation Research Institute Report (UMTRI - 2002 - 16), 2002.

[54] 宾洋. 汽车行驶纵向距离自适应控制系统的研究[D]. 重庆大学硕士论文, 2002.

[55] Bageshwar V L, Garrard W L, Rajamani R. Model Predictive control of transitional maneuvers for adaptive cruise control vehicles [J]. IEEE Transactions on Vehicular Technology, 2004, 53(5): 1573 - 1585.

[56] Jianlong Z, Ioannou P A. Longitudinal control of heavy trucks in mixed traffic: environmental and fuel economy considerations [J]. IEEE Transactions on Intelligent Transportation System, 2006, 7(1): 92 - 104.

[57] Paul V, Karl N, Bartono A. Stop and go cruise control [J]. Proceedings of Seoul FISITA World Automotive Congress, 2000: 1 - 8.

[58] Adbullah R, Hussain A, Warwick K, et al. Autonomous intelligent cruise control using a novel multiple-controller framework incorporating fuzzy-logic-based switching and tuning [J]. Neurocomputing, 2008, 71(13): 2727 - 2741.

[59] Yamamura Y, Tabe M, Kanehira M, et al. Development of an adaptive cruise control system with stop and go capability [J]. SAE Technical paper 2001 - 01 - 0798, 2001.

[60] Canale M, Malan S. Tuning of stop and go driving control strategies using driver behavior analysis [J]. IEEE Intelligent Vehicle Symposium, 2002: 407 - 412.

[61] Chiying L, Huei P. Optimal adaptive cruise control with guaranteed string stability [J]. Vehicle system dynamics, 1999, 31: 313 - 330.

[62] No T S, Chong K T, Roh D H. A Lyapunov function approach to longitudinal control of vehicles in a platoon [J]. IEEE Transactions on Vehicular Technology, 2001, 50(1): 116 - 124.

[63] Yi S Y, Chong K T. Impedance control for a vehicle platoon system [J]. Mechatronics, 2005, 15: 627 - 638.

[64] Martinez J J, Canudas-de-wit C. A safe longitudinal control for adaptive cruise control and stop and go scenarios [J]. IEEE Transactions on Control Systems Technology, 2007, 15(2): 789 - 814.

[65] Marhefka D W, Orin D E. Simulation of contact using a nonlinear

damping model [J]. IEEE International Conference on Robotics and Automation. Minneapolis，1996：1662 - 1668.

[66]　Rui J，Qing-song W. The adaptive cruise control vehicles in the cellular automata model [J]. Physics Letter A，2006，359：99 - 102.

[67]　管欣，王景武，高振海. 基于最优预瞄加速度决策的汽车自适应巡航控制系统[J]. 吉林大学学报（工学版），2004，34：189 - 193.

[68]　吴利军，刘昭度，何玮. 汽车 ACC 跟随控制策略的研究[J]. 汽车工程，2005，27：514 - 521.

[69]　李果，张良起，张彭. 无人陆地车辆的自学习 PD 迭代纵向控制器[J]. 控制理论与应用，1994，11：713 - 719.

[70]　张德兆，王建强，刘佳熙，等. 加速度连续型自适应巡航控制模式切换策略[J]. 清华大学学报，2010，50(8)：1277 - 1281.

[71]　申瑞玲. 车距的模糊自适应控制及其应用研究[D].南京：东南大学，2005.

[72]　朱晓宏. 车辆自动驾驶纵向运动模糊神经控制研究[D].武汉：武汉理工大学，2003.

[73]　Gerdes J C，Hedrick J K. Vehicle speed and spacing control via coordinated throttle and brake actuation [J]. Control Engineer Practice 1997,5：1607 - 1614.

[74]　Zhang Y，Kosmatopoulos E B，Ioannou P A. Autonomous intelligent cruise control using front and back information for tight vehicle following maneuvers [J]. IEEE Transactions on Vehicular Technology，1999，48：319 - 328.

[75]　Hedrick J K，Lu X Y. Heavy-duty vehicle modeling and longitudinal control [J]. Vehicle System Dynamics 2005,43：653 - 669.

[76]　Kuragaki S，Kuroda H，Chi-Minowa T，et al. An adaptive cruise control using wheel torque management technique [C]. SAE，980606 USA，1998.

[77]　Yi K，Hong J，Kwon Y D. A vehicle control algorithm for stop and go cruise control [J]. Proceedings of the Institution of Mechanical Engineers，2001：1099 - 1115.

[78]　健彦藤冈，马场纯. 自働運働制御システム関する研究[J]. 自働车技術会論文集,1997，28：647 - 664.

[79]　宾洋. 车辆走停巡航系统的非线性控制研究[D].北京：清华大学，2006.

[80]　舒迪前.预测控制系统及其应用[M].北京：机械工业出版社，1995.

[81]　丁宝苍. 预测控制的理论与方法[M].北京：机械工业出版社，2008.

[82]　徐祖华. 模型预测控制理论及应用研究[D].杭州：浙江大学，2004.

[83] 许超，陈治纲，邵惠鹤. 预测控制技术及应用发展综述[J]. 化工自动化及仪表，2002，29(3)：1-10.

[84] 钱积新，赵均，徐祖华. 预测控制. 北京：化学工业出版社，2007.

[85] 石宇静. 复杂工业过程模型预测控制的研究[D]. 沈阳：东北大学，2009.

[86] Boyd S, Vandenberghe L. Convex Optimization [D]. New York：Cambridge University，2004.

[87] Sanchez A., Katebi M R. Predictive control of dissolved oxygen in an activated sludge waste water treatment plant [J]. Proceedings of the European Control Conference ECC. Cambridge，UK，2003.

[88] 谢生钢. 基于活性污泥模型的污水处理过程预测控制方法研究[D]. 杭州：浙江大学，2008.

[89] 杜建福. 基于预测控制的小型无人直升机的自主飞行研究[D]. 上海：上海交通大学，2008.

[90] Yasunobu S, Miyamoto S, Takaoka T, et al. Application of predictive fuzzy control to automatic train operation controller [J]. Proceedings of Industrial Electronics Control and Industrumentation Tokyo，Japan，1984：657-662.

[91] Oshima H, Yasunobu S, Sekino S I. Automatic train operation system based on predictive fuzzy control [J]. Proceedings of the International Workshop on Artificial Intelligence for Industry Applications，1988：485-489.

[92] 黄秀玲. 广义预测控制算法在 ATO 系统中的应用与研究[D]. 成都：西南交通大学，2009.

[93] Leung C, Huang S D, Kwok N, et al. Planning under uncertainty using model predictive control for information gathering [J]. Robotics and autonomous systems，2006，54(11)：898-910.

[94] Yoo S J, Choi Y H, Park J B. Generalized model predictive control based on self-recurrent wavelet neural-network for stable path tracking of mobile robots：adaptive learning rates approach [J]. IEEE Transactions on Circuits and Systems I，2006，53(6)：1381-1394.

[95] 韩光信，陈虹，马苗苗，等. 约束非完整移动机器人轨迹跟踪的非线性预测控制[J]. 吉林大学学报(工学版)，2009，39(1)：177-181.

[96] Rajagopalan A, Washington G, Rizzoni G, et al. Development of fuzzy logic and neural network control and advanced emissions modeling for parallel hybrid vehicles [R]. Report：NREL/SR-540-32919，2003.

[97] Kim T S, Manzie C, Shama R. Model predictive control of velocity and torque split in a parallel hybrid vehicle [J]. IEEE International Conference on Systems, Man and Cybernetics. San Antonio, 2009.

[98] Beck R, Bollig A, Abel D. Comparison of two real-time predictive strategies for the optimal energy management of a hybrid electric vehicle [J]. Oil & Gas Science and Technology, 2006, 62(4): 635 - 643.

[99] Kermani S, Delprat S, Guerra T M, et al. Predictive control for HEV energy management: experimental results [J]. Vehicle Power and Propulsion Conference. Dearborn, 2009: 364 - 369.

[100] 潘文军. 中度混合动力汽车再生制动模型预测控制策略[D]. 重庆大学硕士论文, 2010.

[101] Corona D, Schutter B D. Adaptive cruise control for a smart car: a comparison benchmark for MPC-PWA control methods [J]. IEEE Transactions on Control systems technology, 2008, 16(2): 365 - 372.

[102] Swaroop D, Rajagopal K R. A review of constant time headway policy for automatic vehicle following [J]. IEEE Intelligent Transportation Systems. Oakland, 2001: 65 - 69.

[103] Ioannou P, Xu Z, Eckert S, et al. Intelligent Cruise Control: theory and experiment [J]. Proceedings of the 32nd IEEE Conference on Decision and Control, 1993.

[104] James W J, Neil D L., Steve M, et al. Use of advanced in-vehicle technology by young and older early adopters, Survey results on Adaptive Cruise Control systems [J]. Report No. DOT HS 810917: National Highway Traffic Safety Administration, 2008.

[105] 汪孝宗, 胡雪琴, 王红茹, 等. 中国如何实现减排目标: 十二五减排措施将出台[J]. 中国经济周刊, 2009.

[106] Naus G, van den Bleek R, Ploeg J, et al. Explicit MPC design and performance evaluation of an ACC Stop&Go [C]. American Control Conference, 2008: 224 - 229.

[107] Kyongsu Y, Jintai C, Nonlinear brake control for vehicle CW/CA systems [J]. IEEE/ASME Transactions on Mechatronics, 2006, 6: 17 - 25.

[108] Barth M, Scora G, Younglove T. Modal emissions model for heavy-duty diesel vehicles [R]. 83rd Annual Meeting of the Transportation-Research-Board. Washington, DC, 2004: 10 - 20.

[109] Moon S, Yi K. Human driving data-based design of a vehicle adaptive cruise control algorithm [J]. Vehicle System Dynamics, 2008, 46(8): 661 - 690.

[110] Somda F H, Cormerais H, Buisson J. Intelligent transportation systems: a safe, robust and comfortable strategy for longitudinal monitoring [J]. IET Intelligent Transportation System, 2009, 3(3): 188 - 197.

[111] Yi K, Han D. A vehicle stop-and-go control strategy based on Human Drivers Charateristics [J]. Journal of Mechanical Science and Technology, 2005, 19(4): 993 - 1000.

[112] Naranjo J E, Gonzalez C, Garcia R, et al. Cooperative Throttle and Brake Fuzzy Control for ACC Stop&Go Maneuvers [J]. IEEE Transactions on Vehicle Technology, 2007, 56(4): 1623 - 1630.

[113] Chakroborty P, Kikuchi S. Evaluation of the general motors based car-following models and a proposed fuzzy inference model [J]. Transportation Research Part C: Emerging Technologies, 1999, 7: 209 - 235.

[114] Dongfan X, Ziyou G, Xiao-mei Z. The effect of ACC vehicles to mixed traffic flow consisting of manual and ACC vehicles [J]. Chinese Physics B, 2008, 17(12): 4440 - 4446.

[115] Zadeh L A. FUZZY SETS [J]. Informational and Control, 1965, 8(3): 338 - 353.

[116] Floudas C A. Nonlinear and mixed-integer integer optimization [D]. Oxford University, 1995.

[117] 张聚, 李平, 王万良. 基于 Branch & Bound 方法 MIQP 问题的求解及应用[J]. 系统仿真学报, 2003, 15(4): 488 - 491.

[118] Geoffrion A M. Generalized benders decomposition [J]. Journal of Optimization Theory and Applications, 1972, 10(4): 237 - 260.

[119] Duran A M, Grossmann I E. An outer-approximation algorithm for a class of mixed-integer nonlinear programs [J]. Mathematical Programming, 1986, 36: 307.

[120] Silver E A. An overview of heuristic solution methods [J]. Journal of Operation [J]. Research Society, 2004, 55(9): 936 - 956.

[121] Whitley D. A genetic algorithm tutorial [J]. Statistics and Computing, 1994, 4(2): 65 - 85.

[122] Dorigo M，Caro G D，Gambardella L M. Ant algorithms for discrete optimization [J]. Artificial Life，1999，5(2)：137－172.

[123] Clerc M，Mennedy J. The particle swarm-Explosion，stability，and convergence in a multidimensional complex space [J]. IEEE Transactions on Evolutionary Computation，2002，6(1)：58－73.

[124] Del Valle Y G，Venayagamoorthy K，Mohagheghi S，et al. Particle swarm optimization：basic concepts，variants and applications in power systems [J]. IEEE Transactions on Evolutionary Computation，2008，12(2)：171－195.

[125] Kirkpatrick S，Gelatt C D，Vecchi M P. Optimization by simulated annealing [J]. Science，1983，220：671－680.

[126] Chen W H，Srivastava B. Simulated annealing procedures for forming machine cells in group teaching [J]. European Journal of Operational Research，1994，75(1)：100－111.

[127] 李兆华. 过程综合的混合整数非线性规划嵌套求解方法[D]. 杭州：浙江大学，2008.

[128] 汪定伟，王俊伟，王洪峰，等. 智能优化方法[M]. 北京：高等教育出版社，2007.

[129] 王新茹. 基于粒子群算法的智能航班调度方法研究[D]. 天津：中国民航大学，2008.

[130] 胡家声，郭创新，叶彬，等. 离散粒子群优化算法在输电网络扩展规划中的应用[J]. 电力系统自动化，2004，28(20)：31－37.

[131] Kennedy J，Eberhart R C. A discrete binary of the particle swarm algorithm [J]. IEEE International Conference on systems，man and cybernetics. Piscataway，1997.

[132] Huang S，Ren W. Automatic vehicle following with integrated throttle and brake control [J]. International Journal of Control，1999，72(1)：75－83.

[133] Beak W，Song B. Design and validation of a longitudinal velocity and distance controller via hardware-in-the-loop simulation [J]. International Journal of Automotive Technology，2009，10(1)：95－102.

名 词 索 引